KB154130

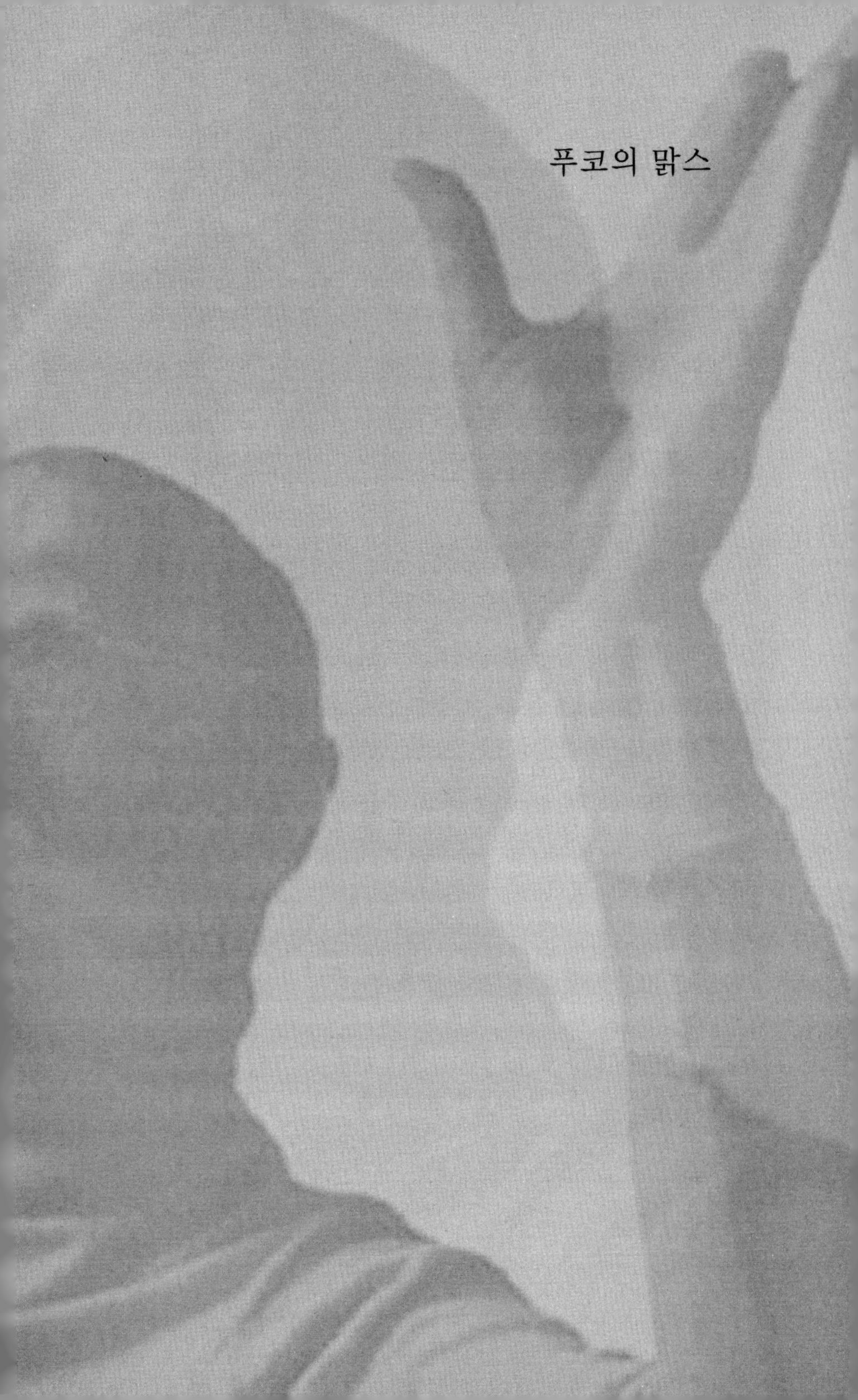

푸코의 맑스

디알로고스총서1

푸코의 맑스 Remarks on Marx

지은이 미셸 푸코 (둣치오 뜨롬바도리와의 대담)
옮긴이 이승철

펴낸이 조정환
책임운영 신은주
편집부 김정연
홍보 김하은

펴낸곳 도서출판 갈무리 등록일 1994. 3. 3. 등록번호 제17-0161호
초판 1쇄 2005년 3월 7일
초판 2쇄 2010년 6월 6일

종이 화인페이퍼 출력 경운출력 인쇄 중앙피엔엘·예원프린팅
라미네이팅 금성산업 제본 일진제책

주소 서울 마포구 서교동 375-13호 성지빌딩 101호 [동교로 22길 29]
전화 02-325-1485 팩스 02-325-1407
website http://galmuri.co.kr e-mail galmuri94@gmail.com

ISBN 978-89-86114-73-7 04300 /978-89-86114-72-0 (세트)
도서분류 1. 사회과학 2. 정치학 3. 사회학 4. 철학 5. 경제학 6. 사회운동 7. 역사학

값 15,000원

이 도서의 국립중앙도서관 출판시도서목록(CIP)은 e-CIP홈페이지(http://www.nl.go.kr/ecip)에서 이용하실 수 있습니다(CIP제어번호 : CIP2004001949).

푸코의 맑스

Remarks on Marx

우리는 어떻게 또 얼마나 다르게 생각할 수 있는가?

미셸 푸코

둣치오 뜨롬바도리와의 대담

| 이승철 옮김 |

2004

나는 바로 맑스의 정치경제학을 성전(聖典)화하는 식의 열광에 반대하고자 했습니다. 내가 생각하기에 그러한 열광은 다른게 아니라, 19세기에 탄생했지만 20세기에 지대한 영향을 미쳤던 정치적 이데올로기로서 맑스주의가 가지는 역사적 행운에서 기인한 것이었습니다. 그러나 이러한 사실이, 맑스의 경제적 담론의 규칙들이 19세기의 과학적 담론 형성의 기준이 가지는 에피스테메를 공유한다는 사실을 부정할 수 있는 것은 아닙니다. 이렇게 말하는 것이 극악무도한 행위는 아닙니다. 내게는 많은 이들이 이러한 주장을 용납하지 못한다는 것이 더 이상해 보이는군요.

– 미셸 푸코

차례

일러두기

1. 이 책의 본문은 Michel Foucault, *Remarks on Marx*, conversations with D. Trombadori, trans. James Goldstein & James Cascaito, Semiotext(e), 1991을 완역한 것이다. 영어판을 원본으로 번역하고, *Dits et Ecrits IV*, Gallimard, 1994, pp. 41~95에 실린 불어판과 대조하여 교정을 보았다. 푸코의 대담이 종종 그렇듯이 두 판본 간에 약간의 차이가 있었는데, 특정한 내용이 한 판본에는 들어 있지만 다른 판본에는 빠져 있는 경우에는, 모두 살려서 번역하였다. 이 대담의 다른 영어 번역본은, Michel Foucault, *Power*, eds. James D. Faubion, The New Press, 2000, pp. 239~297에 실려 있다. 번역 작업에서 이 역시 참고하였음을 밝힌다.

2. 〈부록〉으로 실린 두 대담의 경우, Donald F. Bouchard (ed), *Language, Counter-Memory, Practice*, Cornell University Press, 1977에 실린 영어판이 오역과 의역이 심해, 각각 *Dits et Ecrits II*, Gallimard, 1994, pp. 1174~1183, pp. 1091~1104에 실린 불어판을 원본으로 하여 번역하였다.

3. 대담의 번역이다 보니, 직역에 크게 집착하기보다는 뉘앙스를 살려 내용을 이해하기 좋게 전달하는 쪽을 택하였다.

4. 인명이나 지명, 그리고 작품명은 될 수 있는 한 「외래어 표기법」(문교부 고시 제85-11호, 1986년 1월 7일)과 이에 근거한 『편수자료』(1987년, 국어연구소 편)를 참조해 표기했으나 주로 원어에 가깝게 표기하는 것을 원칙으로 삼았다.

5. 본문에 들어 있는 [ ] 안의 내용은 옮긴이가 읽는 이의 이해를 돕기 위해 덧붙인 것이다.

6. 단행본, 전집, 정기간행물, 영상·음반·공연물에는 겹낫표(『 』)를, 논문·논설·기고문·단편 등에는 홑낫표(「 」)를, 단체명이나 행사명에는 가랑이표(〈 〉)를 사용하였다.

□ 한국어판 옮긴이 서문

미셸 푸코와 경험의 철학, 경험의 정치학

1

자신의 책을 '경험-책'으로 정의한 푸코의 관점에서 보면, 옮긴이의 서문은 불필요하거나 오히려 해로운 작용을 할지도 모른다. 독자 스스로가 읽기의 경험을 통해 풍부하게 책을 독해할 가능성을 서문이 차단하거나 한정할 수 있을 것이기 때문이다. 무엇보다 푸코 스스로, 『광기의 역사』 재판 서문에서, 책의 서문이 가지는 전제군주적 성격을 통렬히 비판하지 않았던가. 게다가 이 책에 실린 대담들은, 푸코 자신의 지적 형성에 관한 서술에서 그의 삶의 여정 그리고 역사적 사실들에 대한 평가에 이르기까지, 매우 방대한 영역을 포괄하고 있다. 이 방대한 논의들을 일관되게 차근차근 정리할 역량이 역자에게는 없으며, 사실 굳이 그럴 필요성도 없다고 생각한다. 무엇보다 푸코 자신의 생생한 목소리를 듣기 전에 늘어놓는 역자의 넋두리가 그저 사족(蛇足)에 그칠 가능성이 농후해 보이기 때문이다.

다만 독자들 앞에 낯선 책 한 권을 던져 놓는 사람으로서 가지는 책임감에, 여기서는 짧게나마 내가 이 대담을 읽어나갔던, 그리고 '경험'했던 방식에 대해 서술해 보려고 한다. 여기에 서술되는 내용은 당연히 이 책에 담긴 푸코의 생각을 읽어내는 유일한 방식이 아니며, 푸코의 사상을 전유하는 수많은 방식 중 하나에 불과할 것이다. 푸코 말대로 그의 작업이 사람들에게 함께 실험(경험)에 참여하자고 보내는 하나의 초대장이라면, 이 책을 읽는 사람들은 모두 자기 나름의 방식으로 푸코와 뜨롬바도리가 벌여 놓은 이 즐거운 실험(경험)의 장에 함께할 수 있을 것이다.

2

푸코 자신의 표현을 빌자면 "체스판의 졸처럼" 이곳저곳으로 이동해 간 그의 작업을, 간단히 정의 내리기란 매우 난망한 일이다. 그럼에도 그가 죽기 직전 『쾌락의 활용』에서 정리한 방식, 즉 지식-권력-주체로의 순차적인 관심의 이동이, 그의 작업 전반을 설명하는 가장 일반적인 서술로 받아들여지고 있다. 하지만 좀더 자세히 들여다보면 이는 지나치게 단순한 요약임을 알 수 있는데, 왜냐하면 푸코가 실제로 전개한 연구는, 이 세 가지 주제와 더불어 세 가지 주제들의 '사이'를 파고드는 것이었기 때문이다. 다시 말해, 푸코는 지식과 주체, 지식과 권력, 권력과 주체, 그리고 때로는 이 세 가지 전부가 한데 뒤엉켜 이루어지는 역사적 난맥상들을 집요하게 파고들었고, 여기서부터 푸코의 작업은 이리저리 틈새로 가지를 뻗어 어느새 범접하기 어려운 복잡한 정글이 되어 버린다.

돌이켜보면, 아마 푸코 자신도 이 정글 속에서 스스로의 작업을 어떻게 정리해야 할지 조금은 혼란스러워 했던 것 같다. 푸코는 여러 곳에서 자신의 지난 연구들을 정리하고 있지만, 어떤 때는 고고학을, 어떤 때는 권력을, 또 어떤 때는 주체를 강조하면서, 특정한 지점에 사물을 고정시키고 정리하기 좋아하는 사람들을 혼란스럽게 만들고 있다. 하지만 이러한 사실을, 그에게 사상적 일관성이 부족했음을 보여주는 증거로 해석하는 것은 분명 지나친 심통일 것이다. 반대로 푸코가 자신의 작업 대상을 지속적으로 재조정했다는 사실은, 그가 평생 동안 다룬 여러 이질적인 주제들이 실은 어떤 대상의 서로 다른 측면일 수 있음을 보여주는 것은 아닐까? 그리고 만약 우리가 그 대상을 굳이 찾으려 한다면, 우리는 그것을 주체를 탄생시킨 근대성의 '경험', 그리고 그 근대성에서 벗어나고자 하는 '경험'에 대한 탐구라고 이름붙일 수 있을 것이다.

이 애매모호해 보이는 '경험'이란 개념은, 사실은 푸코의 지적 작업 전반을 연결시켜 주는 핵심적인 고리로 작동하고 있다. 물론 푸코가 말하는 '경험'은, 이 책에 실린 대담에서도 드러나듯이 현상학에서 이야기하는 일상의 경험과는 구분되는 전혀 다른 종류의 '경험'이다. 아마도 '한계-경험' 혹은 '위반의 경험'이라는 표현이 그의 경험 개념 밑에 깔린 기본적인 문제의식을 가장 잘 드러내주는 말일 것이다. 주체를 완전히 다른 것으로 바꿔버리는 경험, 결국엔 주체의 해체나 소멸에까지 이를 수 있는 경험, 그렇기에 너무나 유혹적이면서 강렬한 경험. 푸코는 자신이 이러한 경험들에 완전히 매혹되었음을 자랑스레 밝히고 있으며, 이러한 사실은 그가 왜 광기, 죽음, 감옥, 성(性)과 같은 주제에 그토록 집착했는지를 이해할 수 있게 해준다.

물론 좀더 자세히 들여다보면, 푸코의 경험 개념이 모두 이 같은 한계-경험이라고 말하는 것은, 확실히 과장이며 오해인 것처럼 보인다. 초기의 문학 비평들에서 푸코는 한계-경험과 위반의 문제에 주목했지만, 사실 이후 그의 저작들은 한계-경험보다는 근대성의 공간 '내에서' 변화하는 주체의 경험 형태들을 다루고 있으며, 이는 확실히 한계-경험보다는 좀더 지속적이고 좀더 대중적이며, 말하자면 좀더 평범한 경험들이다. 그러나 그럼에도 이 경험들 역시 주체를 동일한 상태로 내버려두는 것이 아니라 끊임없이 변화시키는 경험이라는 것, 즉 근대성 내부에서 지식-권력의 작동에 의해 주조되면서도 한편으로는 근대성 바깥으로의 선들을 그려내려는 (혹은 그러한 잠재력을 가진) 경험이라는 점에서 한계-경험과 기본적인 성격을 같이한다고 볼 수 있다.

이 책에 실린 대담들에는, 경험에 대한 푸코의 강조와 탐색이 명확히 드러난다. 첫 대담에서 자신의 책을 '경험-책'으로 정의하는 푸코는, 두 번째 대담에서 '경험' 개념이 어떻게 학창 시절 자신을 지배하던 현상학과 실존주의로부터 벗어나게 해주었는지, 그리고 '경험으로서의 과학'이라는 개념이 어떻게 프랑스의 과학철학 전통을 나름의 관점에서 해석할 수 있도록 도와주었는지에 대해 이야기하고 있다. 또한 그 뒤에 이어지는 자기 고백적 대담에서 그는 자신을 바꾼 정치적 경험에 대해 이야기하면서, 다시 한번 경험이라는 주제로 돌아온다. 그렇기에 이 책 전반을 가로지르는 핵심적인 개념을 꼽자면, 그것은 아마도 '경험'이 될 것이다.

특히 이 대담이 이루어진 시점이 1978년이라는 점을 고려할 때, 여기서 드러나는 '경험'에 대한 푸코의 강조는 이후 그가 나아갈 방향을 암시한다는 점에서 매우 흥미롭다. 잘 알려져 있듯이, 푸코는 『앎의 의지』 출간 이후 8년이라는 긴 시간 동안 침묵했고, 이 기간 동안에 주체가 스스로를 주체로 구성해 나가는 경험의 문제 즉 주체화 과정에 대한 탐색으로 자신의 관심을 전환했다. 이러한 전환이 가진 단절적인 측면에 주목하든지 연속적인 측면에 주목하든지 간에, 이 책의 내용은 이러한 전환이 푸코의 '경험'에 대한 탐색이라는 큰 틀 속에 자리매김될 수 있음을 보여준다. 결론을 말하자면, 푸코는 '주체의 철학자', '권력의 철학자'인 만큼이나, 항상 '경험의 철학자'였던 것이다. 물론 푸코에게서 '경험'은 언제나 철학과 사유를 뚫고나가는 어떤 것이었기에 '경험의 철학자'란 표현은 일종의 역설이다.

3

한편, 우리가 푸코의 지적 작업의 외부로 잠시 눈을 돌려보면, 우리는 그 곳에서 '투사로서의 푸코'라는 그의 또 다른 얼굴을 만날 수 있다. 이 책의 5장과 부록에 실린 대담들에서 드러나듯이, 푸코는 1960년대 말과 1970년대 내내 정치적 투쟁에 뛰어들어, 대중과 지식인 사이의 새로운 관계 맺음을 시도하였다. 하지만 지금까지 푸코의 이러한 모습은, 지식인 푸코의 단순한 일탈 정도로 치부되거나, 그다지 진지하게 고려되지 않은 채 뒷얘기 좋아하는 호사가들이 전하는 후일담의 형태로만 전해져 온 것이 사실이다. 다시 말해, 지금까지 푸코의 사상과 그의 정치적 실천이 가지는 관계는, 상대적으로 과소평가되어 왔다. 아마도 이는 한편으로는 푸코라는 이름이 포스트모더니즘의 회의주의와 동의어로 인식되어 온 미국에서의(그리고 한국에서의) 푸코 수용의 영향일 것이고, 다른 한편으로는 푸코의 이론에 대한 사람들의 뿌리 깊은 오해(들뢰즈가 비웃었던 바로 그 오해), 즉 그의 사유 속에서는 '저항'의 구상이 도출될 수 없고 그러므로 그의 이론과 그의 실천은 서로 동떨어진 별개의 문제라는 생각과 관련되어 있을 것이다.

하지만 이 책에서 명확히 드러나듯이, 푸코에게서 정치적 실천은 "자신의 이론적 성찰 속에서 스스로가 얼마나 성숙했는가를 시험하는 방법"이자 "니체나 바따이유 식의 경험을 가질 수 있는 기회"였으며, 거꾸로 그의 이론은 언제나 "정치적 실천과의 연계 속에서" 자리

잡아 온 것이다. 다시 말해, 그에게서 정치적 실천과 이론은 언제나 긴밀한 관련 속에서 존재해 왔으며, 여기서 우리는 다시 한번, 그의 이론과 실천을 연결시켜 주는 고리로서 '자신을 변환시키는 경험'의 문제와 마주치게 된다. 푸코에게서 정치적 실천은 이 책의 5장에서 그 자신이 밝히듯이, 구체적인 현실 속에 자신의 신체를 직접 참여시키는 하나의 한계-경험이었던 것이다.

그런데 여기에는 당연히 다음과 같은 질문들이 제기된다. 과연 이러한 '경험'으로서의 정치적 실천이라는 구상은, '경험'이란 말 자체에 내재한 개인적인 차원을 넘어서는 어떤 집단적인 정치적 실천을 이끌어낼 수 있을 것인가? 그리고 푸코의 '경험' 개념의 바탕이 되는 '한계-경험'의 파괴적 속성은, 그의 정치학을 기존의 도덕과 진리에 대한 전면적인 거부에 그치도록 만드는 것이 아닌가? 사실 푸코의 정치학은 그 동안, 대책 없이 파괴만을 주장하는 과격한 개인주의적 무정부주의나 혹은 자본주의에 어떤 집단적 대안도 던져주지 못하는 신보수주의의 변종 등으로 간단히 치부되어 왔다. 푸코 한 개인의 한계-경험에 대한 추구를 높게 평가하는 『미셸 푸코의 수난』의 저자 제임스 밀러조차, 한 집단이 정치적 한계-경험의 소용돌이 속에 휘말리게 되면, 진정한 의미에서의 창조적인 것과 가장 사악한 파괴적 충동들의 맹목적 강화를 구분해 내는 것이 불가능하다고 지적하고 있다. 만약 '경험으로서의 정치'라는 푸코의 구상에 대한 이러한 비판들이 사실이라면, 푸코의 정치학은 흔히 비판되는 대로 지극히 개인적인 차원에서 이루어지는 저항 그리고 그에 뒤따르는 자기 파괴 혹은 체제에의 재순응으로 귀결될 수밖에 없는 것이 아닌가?

하지만, 이 책에 실린 푸코의 답변들은, 그의 문제의식이 그렇게 단순하게 요약될 수만은 없는 것임을 명확하게 보여준다. 대담의 시작 부분에서 그는 "경험에서 시작하면서도 개인적인 변환에 그치지 않고, 다른 사람들도 접근할 수 있는 변환과 변형의 길을 열어갈" 필요성에 대해 이야기하며, 이런 노력을 통해 "개인의 경험이 집합적 실천과 연결될 수 있음"을 강조한다. 또한 둣치오 뜨롬바도리와의 마지막 대담(6장)과 〈부록〉으로 실린 들뢰즈와의 대담에서 그는 자신의 문제설정이 가진 일반적 성격에 대해 강조하면서, "권력에 대한 투쟁"은 "권력의 영향하에 있는 모든 이들이 참여하는" 투쟁이어야 하고, 이러한 투쟁은 "당연히도 프롤레타리아의 투쟁과 연합하게 된다."고 덧붙이고 있다.

이처럼 푸코는 공통적이고 집합적인 실천의 가능성을 폐기하지 않는다. 다만, 그가 지적하고자 하는 것은, 권력에 맞선 투쟁이 가지는 일반성은, 권력과 초월적인 가치가 지닌 '총체화하는 일반성'의 형태와는 다른 형태로 구축되어야 한다는 것이다. 푸코에 따르면, 만약 우리가 초월적인 가치 즉 도덕과 진리의 문제에 기반해 정치적인 투쟁을 시작하게 되면, 언제나 대의(representation)의 함정에 빠지고 만다. 따라서 권력에 대한 투쟁이 이러한 함정을 피하려면, 권력에서 벗어나고 고정된 주체성을 벗어던지려는 개인들의 구체적인 경험에서, 그리고 그것들 간의 수평적 연계에서 출발해야만 하는 것이다. 결국, 푸코의 정치학에서 드러나는 '경험'에 대한 강조는, 권력에 대한 저항이, 아래로부터, 국지적인 것으로부터, 구체적인 것으로부터 시작되어야 함을 지시하기 위한 것이라고 말할 수 있다. 대중 '위에서' 진리와 양심의 이름으로 발언하는 '보편적 지식인'에 대한 푸코의 경멸은, 바로 이러한 문제의식에서 나오는 것이다.

한편 푸코가 공통적이고 집합적인 투쟁과 경험의 가능성을 포기하지 않았다는 우리의 가설이 맞다면, 이 같은 푸코의 '경험의 정치학'은, 도덕과 진리와 같은 초월적 가치에 종속되지 않는 개인의 경험을 만들어가면서, 어떻게 그것을 공통의 경험으로 혹은 대중의 경험으로 구축해 갈 것인가라는 어려운 문제에 부딪히게 된다. 즉, 개개인들의 특이한 경험들이 어떻게 초월적인 것으로 환원되지 않고, 오히려 그것을 넘어선 해방의 에너지가 될 수 있을 것인가의 문제가 제기되는 것이다. 바로 이 지점에서, 푸코의 '경험의 정치학'은 '윤리학'으로의 이행을 예비한다. 들뢰즈의 지적처럼, 윤리학의 문제설정 속에서 '선과 악'이라는 초월적 가치의 대립은 '좋은 것과 나쁜 것'이라는 존재양식의 질적인 차이로 대체되기 때문이다. '초월적인 것'을 뚫고 나가는 '경험'의 문제가 언제나 푸코 사유의 중심에 놓여 있었다면, 푸코가 말년에 보여준 윤리학으로의 이행은 푸코의 사유가 가진 치열함과 진지함의 또 다른 증거일 것이다.

그렇기에 우리가 굳이 푸코의 정치학이 가지는 한계를 짚어보고자 한다면, 그것은 그가 제시한 이와 같은 기본적인 방향보다는, 그가 '초월적인 것'의 극복 가능성이 실현될 수 있는 구체적인 사회·경제적 조건을 분석하거나 제시하지 않았다는 데에서 찾을 수 있을 것이다. 어떤 대담에서, 그는 '1968년 이후의 모든 경험은 한계-경험이 되었다'고 선언하고 있지만, 그의 말년의 저작들 속에서 현대 사회에 대한 구체적인 분석들을 찾아보기는 힘들다. (비록 그의 '통치성' 개념이 현대 사회 분석을 위한 방법론적 함의를 던져주고 있기는 하지만.) 확실히 그는 이러한 경로보다는, 근대적 주체/종속의 경험과는 구분되는 다른 형태의 경험을 탐구하기 위해 고대 그리스 · 로마 시대로 돌아가는 우회로를 택한 것처럼 보인다. 그리고 이것은 아마도 예언가나 이론가이기보다는, 실험가가 되기를 원했던 그의 기질 때문이었을 것이다. 하지만 그러하기에, 우리는 이 책의 6장과 〈부록〉으로 실린 대담에서 푸코가 거듭 강조하는 현대 사회에서의 '통치'의 위기와 저항의 확산, 그리고 "앞으로의 사회주의화는 '경험'을 통해서 도출될 것"이라는 주장들이 가지는 함의에 주목할 필요가 있다. 푸코의 때 이른 죽음으로 인해 선언 이상으로 나아가지 못한 이러한 주장들에서, 푸코가 열어젖힌 새로운 정치학의 공백을 채울 수 있는 요소를 발견하는 일은, 아직도 "통치의 위기 시대"에 살고 있는 우리의 몫으로 온전히 남겨져 있기 때문이다.

4

마지막으로 이 책의 제목에 대한 짤막한 변명 아닌 변명을 해야 할 것 같다. 이 대담의 이탈리아어판은 『푸코와의 대화』(*colloqui con*

Foucault)라는 제목을 달고 있으며, 『말해진 것과 쓰여진 것 II』(*Dits et Ecrits II*)에 수록된 불어판의 제목 역시 「푸코와의 대담」(Entretien avec Foucault)으로 되어 있다. 이에 반해 이탈리아어판을 번역한 영어판 제목은 『맑스에 대한 언급들』(*Remarks on Marx*)로 되어 있다. 영어판 제목이 시사하듯 이 책은 이미 한국에도 일부 소개된 바 있는 푸코와의 일반적 대담이 아니다. 이 책은 이탈리아 공산당원이었던 맑스주의자 둣치오 뜨롬바도리와 미셸 푸코 사이에서 '맑스와 맑스주의'에 대한 평가와 입장채택을 둘러싸고 전개된 논쟁적 대담이다. 푸코는 시종일관 자신의 경험주의적 철학과 정치학이 맑스주의가 직면한 한계를 뚫고 나갈 수 있는 잠재력을 갖고 있을 뿐 아니라 맑스의 인간해방적 관점을 맑스주의와는 다르게 전진시키는 것이라고 주장한다. 이 책의 한국어판 제목을 『푸코의 맑스』로 정한 것은 이 때문이다. 비록 이 제목이 대담 내용 전반을 충분히 담아낸다고 할 수는 없지만, 정통 맑스주의의 관점에서 푸코의 약점을 집요하게 파고들려는 뜨롬바도리의 시도에 맞서, 자신의 이론이 현실의 정치적인 경험들과 더 큰 유관성을 갖고 있음을 주장하려는 푸코의 문제의식의 핵심을 표현해 줄 수 있다고 생각한다.

대담 전체를 가로지르는 이 두 대담자 사이의 긴장은, 영역자 서문과 뜨롬바도리의 해설에 자세히 설명되어 있기 때문에, 이 글에서 다시 한번 반복할 필요는 없을 것이다. 다만 둘 사이의 대화에서, 골드스타인은 서구 좌파가 부딪힌 난점들을, 뜨롬바도리는 푸코의 전략이 가진 결정적인 한계를 읽어내려 하고 있다면, 이제 '뜨롬바도리의 맑스'와 '푸코의 맑스' 사이에서 무엇을 읽어낼 것인가는 이 책을 읽는 독자들에게 달려 있다. 〈부록〉으로 실린 두 개의 짤막한 대담은 이러한 고민을 발전시키는 데 도움을 줄 수 있을 것이다.

이 책은 지난 2004년 3월에서 7월까지 〈정치철학연구소 아우또노미아〉(현재는 〈다중네트워크센터〉 정치철학연구모임)에서 진행된 〈푸코와 맑스〉 세미나의 산물이다. 세미나를 함께 했던 조정환 선생님, 서창현 선생님, 김문갑 선배, 이종호 선배, 이재원 선배 등등은 서투른 역자의 초역본을 꼼꼼히 살피고 수정해 주면서, 부족한 역자가 푸코를 이해하는 데에 큰 도움을 주었다. 이 책이 조금이라도 읽을 만하다면 전적으로 이 분들의 도움 때문일 것이다. 물론, 이 책에서 발견되는 오류는 모두 역자 본인의 책임이다. 이 분들 외에도, 객기로 시작된 역자의 번역 작업을 믿고 기다려 준 갈무리 출판사 분들, 그리고 이 책이 인쇄되는 데 도움을 주실 인쇄노동자 분들께 감사드린다. 여러 명의 협력 과정을 통해 탄생한 이 책이, 아무쪼록 독자들의 지적 사고와 현실 인식에 조금의 파동이라도 일으킬 수 있는 하나의 '경험-책'이 될 수 있기를 바랄 뿐이다.

2004년 11월 1일

이승철

□R. J. 골드스타인의 서문

사람의 생각을 바꾸는 것

내가 처음 『푸코와의 대화』(*Colloqui con Foucault*)[1]를 번역하기로 마음먹은 것은, 1984년 푸코가 죽은 지 얼마 지나지 않아 내가 살레르노[Salerno, 이탈리아 남부의 도시]에서 살고 있을 때였다. 나는 영어권 독자들에게 "이탈리아의" 푸코를 소개하기 위해서 이탈리아에서의 푸코 수용에 관한 짧은 글을 쓰려고 했었다. 푸코가 아직 살아 있던 시기에, 나는 그가 미국이나 영국보다 이탈리아의 지적 세계에 더 큰 영향을 끼치고 있다는 인상을 받았었고, 이러한 인상은 푸코가 죽었을 때 모든 주요 이탈리아 신문

1. [옮긴이] 『푸코의 맑스』의 이탈리아어 원제목. 영역한 제목은 *Remarks on Marx*인데 이것은 골드스타인(James Goldstein)과 캐스케이토(James Cascaito)가 붙인 제목이다.

들이 그의 업적을 평가하기 위해 상당한 지면을 할애하는 것을 보고 더욱 강화되었다.

푸코의 작업이 이탈리아에서 전반적으로 그렇게 폭넓은 영향력을 발휘할 수 있었던 이유 중 하나는, 번역이 그의 프랑스에서의 작품 출간에 발맞추어 빠르게 이루어졌기 때문이다. 『성의 역사』(*Histoire de la sexualité*) 두 번째 권의 번역서는 푸코가 죽은 지 5개월도 채 안 돼 두 번째 판을 찍어야 할 정도였으며, 몇 달 후에 로마의 한 급진적 페미니스트 그룹은 그들의 관심사와 푸코의 마지막 저작 간의 관련성에 대해 논의하기 위해 주말 내내 세미나를 개최했다. 나는 곧 이탈리아에서의 푸코 수용에 관한 충분한 역사를 쓴다는 건 불가능하다는 것을 깨달았다. 그래서 나는 생각을 바꾸기로 했다.[2]

둣치오 뜨롬바도리(Duccio Trombadori)는 1978년 말경에 푸코와 일련의 대담을 진행했는데, 당시 푸코는 여전히 권력의 문제에 몰두하고 있었다. 그러나 몇 년 지나지 않아, 푸코는 자신의 작업이 추구하는 전반적인 목적에 대해 생각을 바꾸기 시작했다. 한 종류의 사고에 갇혀 있는 것에 대해 기질적인 거부를 가지고 있

---

2. Michael Clark, *Michel Foucault : A Annotated Bibliography*(New York: Garland, 1983)에는 이 책 『푸코의 맑스』를 포함해서, 중요한 이탈리아어 저작들이 많이 빠져 있다. 1970년대 저작들을 보충하기 위해서는, Paolo Veronesi, "I poteri di Foucault (bibliografia 1954~1979)", *Materiali Filosofici*, 1/2(1980), pp. 123~141을 보라.

던 푸코는, 그의 사상을 체계화하려는 노력들에 다시 한번 도전했다. 우리가 그의 작업을 "지식/권력" 혹은 "권력의 미시물리학" 같은 용어로 요약할 수 있다고 믿기 시작한 바로 그 순간에, 푸코는 그의 작업의 진정한 주제가 권력이라는 자신의 초기 신념을 거부함으로써 (이 책 5장 끝부분에서 그는 이에 대해 힘주어 말하고 있다.) 우리를 놀래키는 것을 즐기고 있었다. 그가 생애 마지막에 가서 결론 내린 바에 따르면, 그의 진정한 목적은 처음부터 "우리의 문화 속에서 인간이 주체로 만들어지는 다양한 양식들의 역사를 생산하는 것"이었다.[3] 그러나 이러한 묘사는 오해의 여지가 있다. 푸코는 주체화(subjectification)의 역사가 어떻게 예속(subjection)의 역사와 불가분의 관계를 맺고 있는지에 대해 서술하는 것을 결코 그만두지 않았기 때문이다. 비록 『성의 역사』의 마지막 권에서 그의 연구 분야가 (그가 이 책의 1장에서 서술하고 있는 것처럼) 상당히 이동한 것처럼 보일지라도, 권력에 관한 문제는, 그가 그리스-로마 시대와 그들의 후손들에 있어서의 자기의 기술(technique of the self)[4]에 관심을 돌렸을 때조차 윤리학에

3. "The Subject of Power" Afterword to Hubert Dreyfus and Paul Rabinow, *Michel Foucault : Beyond Structuralism and Hermeneutics*, 2nd ed.(Chicago: University of Chicago Press, 1983), p. 208. [한국어판: 『미셸 푸코 : 구조주의와 해석학을 넘어서』, 서우석 옮김, 나남, 1989]

4. [옮긴이] '자기의 기술'이란, 주체가 권력 체계 내부에서 혹은 권력 체계를 통해서 스스로를 주체로 구성하는 특유한 실천들을 말한다. 후기 푸코의 주된 연구 주제 중 하나였다. 미셸 푸코, 『자기의 테크놀로지』, 이희원 옮김, 동문선, 1997, 33~86쪽을 참

대한 그의 후기 관심과 연결되어 여전히 남아 있었다.

하지만 1978년에 이루어진 이 대담에서는, (비록 "통치성"(governmentality)[5] 이론이 어렴풋이 드러나고 있기는 하지만) 푸코의 마지막 방향성을 보여주는 징후들은 거의 발견되지 않는다. 그러므로 이 대담은 1970년대 후반의 푸코 사상을 이해하는 데 도움을 줄 수 있을 것이다. 내가 아는 한, 이 책에 실린 대담은 한 명의 대담자와 나눈 대화를 출간한 것들 중에서 가장 긴 분량의 것이다. 따라서 주제의 다양함과 풍부한 세목들은, 아마도 이 토론을 당시 푸코가 자신의 경력에 대해 가지고 있던 생각들을 이해하는 데 있어 최고의 독자적인 원천으로 만들어 줄 것이다.

고하라.

5. [옮긴이] '통치심성'으로 번역되기도 한다. '통치성'을 주제로 한 강연에서 푸코는 '통치성'을 다음과 같은 세 가지 의미로 정의한다.
"1) 매우 특정하면서도 복합적인 형태의 권력을 행사할 수 있게 해주는 제도, 과정, 분석과 반성, 계산과 전술들로 구성되는 전체. 이러한 권력의 표적은 인구이며, 그 중요한 지식의 형태는 정치경제학이고 또한 그 본질적인 기술적 수단은 안전 기구들이다.
2) 오랜 기간 동안 서구를 통틀어서, 한편으로는 모든 특정한 통치기구들의 형성으로 귀결되고 다른 한편으로는 복합적인 지식이 발전되는, 통치라고 부를 수 있는 권력 유형이 모든 다른 형식들(군주권, 기율 등)에 대해 지속적으로 우세해지는 경향.
3) 중세의 정의 국가가 15세기, 16세기를 통해 행정국가로 전환되고 점차로 통치화되는 과정이나 그러한 과정의 결과."
이러한 '통치성' 개념은 1978년 이후 푸코 사상의 핵심적인 개념 중 하나가 되었다. '통치성'을 주제로 한 푸코의 강연은, 미셸 푸코 외, 『미셸 푸코의 권력이론』, 정일준 편역, 새물결, 1994에 실려 있다.

하지만 나는 이 대담에서 이루어진 의견 교환이 더 중요하다고 생각한다. 뜨롬바도리는 이탈리아 공산당의 일간지인 『루니따』(*L'Unita*)의 기자이다. 푸코의 공산당에 대한 반감(특히 〈프랑스 공산당〉에 대한 반감)은 잘 알려져 있으며, 그가 공산당 지식인과 진지한 토론을 벌인 경우는 극히 드물다. 이 토론에서도 이러한 낌새들이 양쪽 모두에게서 때때로 나타나긴 하지만, 전반적인 논조는 항상 상호 존중의 형태로 지속되고 있다.[6] 많은 이들이 푸코와 맑스주의의 관계를 분석하고자 노력해 왔는데, 이 대담들은 그 주제에 새로운 빛을 던져줄 수 있을 것이다. 여기에서 우리는 두 가지 대립적인 입장이 가지는 많은 장·단점을 확인할 수 있다. 즉, 국지적 전술뿐 아니라 보편적 전략도 제공하는 대중 정치 조직을 통해 혁명적 프로그램을 전진시키고자 하는 한쪽 편의 욕망은, 그들이 시행하는 기존의 권력관계 분석과 전략에 대해 근본적인 회의주의를 유지하려는 다른 한쪽 편의 욕망에 직면한다. 사실, 푸코는 정치적 대의(political representation)라는 개념 자체에 도전하고 있는 것이다. 이 대담에서 그리고 다른 곳에서 (특히 들뢰즈와의 유명한 대담[7]에서) 언급된 지식인의 역할에 대한 푸코

6. 푸코의 공산당 비평가들에 대한 좀더 공격적인 언급을 보려면, 같은 해에 이루어진 "Precisazioni sul potere: risposta ad alcuni critici", *Aut Aut* 197/8(1978), pp. 3~11을 보라. 이 잡지의 같은 호는 안또니오 네그리(Antonio Negri)가 푸코를 비판하는 글도 포함하고 있다.
7. [옮긴이] 본서의 부록으로 실린, 「지식인과 권력 : 들뢰즈와 푸코의 대화」를 가리킨다.

의 관점은 우리의 관심을 끌만 하지만, 여기에서의 대화들이 다다른 난점은 1980년대 서구 좌파들이 직면하고 있었던 정치적 곤경의 징후를 보여주는 것 같다. 그리고 우리는 그 결과를 1980년대의 마지막 몇 개월 동안 이루어진 동유럽 공산주의의 총체적인 붕괴 속에서 마침내 확인할 수 있었다.

그의 마지막 대담 중에, 푸코는 당시 프랑스에서 집권한 〈프랑스 사회당〉(Parti Socialiste)과 〈좌파 연합〉에 대한 환멸을 씁쓸히 표현했다. 그에 따르면, 사회당 정부는 좌파지식인들이 허약한 좌파 동맹의 편에서 동맹에 부족한 도덕적 정당성을 지지하는 발언들을 하지 않는다는 이유로 그들을 비난하곤 했다는 것이다. 아마도 그로서는 마지막이었을 대담에서, 그는 다음과 같이 결론지었다.

> 지식인의 역할은 다른 이들에게 무엇을 해야 하는지 말해 주는 것에 있지 않습니다. 그들이 무슨 권리로 그렇게 할 수 있겠습니까? 그리고 지난 두 세기가 경과하는 동안 지식인들이 공식화해 왔던 모든 예측과 전망, 지령, 그리고 프로그램들을 기억해 보십시오. 지식인의 역할은 다른 이들의 정치적 의지를 만들어내는 데 있지 않습니다. 지식인의 역할은, 그 혹은 그녀 자신의 영역에서 분석을 수행하면서, 자명해 보이는 원리들에 대해서 새롭게 질문하고, 행위와 사고의 방식 및 습성을 흔들어 놓으며, 상투적인 믿음을 일소하고, 규칙과 제도들을 새롭게 파악하는 데에 있습니다. … 그것은 [지식인들이] 시민으로서의 역할을 행할 것을 요구받는 곳에서, 정치적 의지의 형성에 참여하는 문제입니다.[8]

푸코는 자신의 주된 과제는 우리가 생각하는 방식에 도전하는 것이라고 보았다. 일생 동안 자신의 생각을 자주 바꾸면서, 그는 우리의 생각 역시 바꾸기를 원했다. 푸코의 연구 과제를 "진정한" 역사의 창조 혹은 일종의 "허구"의 창출로 환원하려고 애쓰는 자들은, "경험-책"(livre-expérience)을 쓰는 것에 대한 첫 번째 대담 [이 책의 1장]에서 그가 밝히고 있는 생각들을 곱씹어 볼 필요가 있다. 비록 푸코 자신이 그의 작업을 여러 번 둘 모두의 방식으로 묘사하기는 했지만, 그가 여기에서 말하고 있는 바처럼, "진리라는 어려운 문제"는 그가 결코 풀지도, 풀려고 하지도 않은 것이다.

비록 뜨롬바도리와의 대화 중간에 푸코는 철학자라는 꼬리표를 단호히 거부하고 있지만, 나중에 그는 정확히 이 용어로 자신의 작업을 설명하였다. 『쾌락의 활용』(*L'Usage des Plaisirs*)의 서론은, 다음과 같은 감동적인 단락을 담고 있다.

> 살다보면, 사람들이 생각하는 것과 다르게 생각하고 사람들이 보는 것과 다르게 인지할 수 있는지 없는지에 대해 아는 것이, 계속적인 관찰과 생각을 해나가는 데 있어 꼭 필요한 순간들이 있다. … 하지만 그렇다면 오늘날 철학 — 즉, 철학적 활동 — 이란 무엇인가? 그것이 사고에 대한 사고의 비판 작업이 아니라면, 또 그것이 사람들이 이미 알고 있는

---

8. *L'Espresso*(15 July 1984), p. 61.

것을 정당화하는 대신에 어떻게 그리고 얼마만큼 다르게 생각하는 것이 가능한지를 알려고 노력하지 않는다면, 오늘날 철학이란 과연 무엇이겠는가? 철학적 담론이 외부에서 다른 사람들에게 명령하고, 사람들에게 진리가 어디에 있으며 어떻게 그것을 찾는가를 말해 주려고 할 때, 거기에는 항상 우스운 것이 존재한다. … [9]

지금까지 철학자들은 세계를 해석해 왔을 뿐이지만 핵심은 세계를 바꾸는 것이라는 맑스의 유명한 테제에 대한 답변으로, 푸코는 의심할 여지 없이 우리의 부단한 작업은 우리의 생각을 계속해서 바꾸어 나가는 것이 되어야만 한다고 주장하려 했던 것이다.

R. J. 골드스타인
볼티모어, 1991

---

9. *The Use of Pleasure*, trans. Robert Hurley(New York: Random House-Vintage, 1985), pp. 8~9. [한국어판: 『성의 역사 2 : 쾌락의 활용』, 문경자 · 신은영 옮김, 1990.]

1장

"경험-책"은 어떻게 탄생하였는가?

| 듯치오 뜨롬바도리 |

내가 보기엔, 당신 사상에 집중되는 관심, 특히 최근의 관심을 이런 식으로 설명할 수 있을 것 같습니다. 다양한 이데올로기적 "언어"나 관점의 차이에도 불구하고, 현대 사회에서 점차 혼란스럽게 발생하고 있는 "말"과 "사물" 간의 분리에 대해 인정하지 않는 사람은 거의 없지요. 또한 이러한 사실은, 당신이 연구과정에서 이루어 낸 도약, 분석 영역의 변화, 새로운 이론적 발판의 습득 등을 더 잘 이해하는 것을 목표로 삼고 있는 우리의 토론이 가지는 의의를 밝혀 주고 있습니다. 『광기의 역사』(*Histoire de la folie*)에서 이루어진 "최초의 경험"(expérience originaire)[1]에 대한 연구에서부터, 최근 『성의 역사 I : 앎의 의지』(*La Volonté de savoir*)에서

제시한 테제들까지, 당신은 연구의 층위를 옮겨가면서, 도약을 통해 연구를 계속 이어가고 있는 것처럼 보입니다.[2] 만약 당신 사상이 가지는 본질적이면서 연속적인 성격을 밝히고 그 특징들을 살펴보려고 한다면, 일단 이런 질문을 던져야 할 것 같군요. 당신은, "권력"과 "앎의 의지"에 대한 당신의 최근 연구에서 어떤 점이 초기의 연구보다 나아졌다고 생각합니까?

| 미셸 푸코 |

많은 것들이 확실히 나아졌습니다. 나는 내가 관심을 가졌던 것

---

1. [옮긴이] 영어판에는, 불어의 'originel(le)'와 'originaire'를 모두 'originary'로 옮겼으며, 이는 'orginary gesture', 'originary space' 등의 형태로 반복 사용되고 있다. 그런데 'expérience originelle'(본원적 경험)의 경우, 'expérience originaire'와는 구분되는 특별한 뜻을 지닌다. 모리스 블랑쇼는 『문학의 공간』에서 "본원적 경험"을 "인간을 근본적인 전복에 노출시키는" 경험이라고 정의하면서, 죽음의 문제와 연결시키고 있다. 여기서의 originaire가 originelle의 오기(誤記)일 가능성도 있으나, 문맥상으로 볼 때, 뜨롬바도리가 의도한 것은, 좁게는 이성에 의한 광기의 배제가 나타나는 말 그대로의 "최초의 경험", 넓게는 우리가 세계와 맺고 있는 관계를 변환시키는 어떤 경험을 지시하는 것으로 보인다. 이후는 불어판을 참고하여 originelle은 '본원적'으로, originaire는 '최초의'로 구분하여 옮겼다.
2. 영어판 *Madness and Civilization*은, 불어판 *Historie de la folie*의 축약본 번역의 제목이다. [불어판 번역은 『광기의 역사』, 이규현 옮김, 나남, 2003; 『광기의 역사』, 김부용 옮김, 인간사랑, 1993은 축약본을 번역한 것이다. –옮긴이] 여기서는 불어판 제목을 따른다. 영어권 독자는 다음과 같은 사실도 알아 두어야 한다. 토론 중에 『말과 사물』, 『앎에의 의지』라고 언급되는 저작들은, 각각 *The Order of Things*와 *The History of Sexuality : An Introudction*이란 영어 제목으로 번역되었다. [한국어판: 『말과 사물』, 이광래 옮김, 민음사, 1987; 『성의 역사1 : 앎의 의지』, 이규현 옮김, 나남, 1990.]

들과 내가 이미 생각했던 것들 모두에서 지속적인 변화가 발생했다는 사실을 잘 알고 있습니다. 내가 생각한 것들은 결코 같을 수가 없습니다. 왜냐하면 내가 쓴 책들은 나에게는 가능한 한 풍부하게 하고 싶은 하나의 경험을 구성하기 때문이지요. 경험은 변화를 가져오는 것입니다. 만약 내가 책을 쓰기 전에 이미 생각해 놓은 것들을 소통하기 위해 책을 써야만 했다면, 나는 결코 그 일을 시작할 엄두를 내지 못했을 것입니다. 내가 책을 쓰는 것은, 관심이 가는 주제에 대해 내가 무엇을 생각할지 아직 모르기 때문입니다. 책을 쓰는 동안, 그 책이 나를 변화시키고 내가 생각하는 것들을 바꿔 놓지요. 결과적으로, 각각의 새로운 작업은 내가 그 전의 작업으로 도달한 생각들을 크게 바꾸어 놓습니다.

이러한 의미에서, 나는 이론가라기보다는 실험가(expérimentateur)입니다. 나는 다양한 연구 분야에 동일하게 적용될 수 있는 연역적인 체계를 발전시키지 않습니다. 나는 무엇보다도 나 자신을 바꾸고, 이전과 같이 생각하지 않기 위해서 책을 씁니다.

| 둣치오 뜨롬바도리 |

"경험"으로서의 작업이라는 생각은, 어쨌든 하나의 방법론적인 참조 지점을 제시해야만 할 것 같군요. 아니면 적어도 그것은 연구에 적용된 수단들과 획득된 결과 간의 관계 속에서, 하나의 방법으로 취해질 수 있는 몇 가지 지침들을 끄집어낼 가능성을 제시

해야만 할 것입니다.

| 미셸 푸코 |

연구를 시작할 때, 나는 결론에서 내가 무엇을 생각하게 될지 전혀 알지 못합니다. 그러므로 내가 적용할 방법이 무엇인지 명확히 정하는 것은 어려운 일입니다. 내 각각의 책들은 대상을 분해하고, 각각의 목적을 향해 분석의 방법을 구축해 가는 방식입니다. 물론 일단 작업이 끝나면, 나는 때늦은 지혜를 통해 완결된 경험으로부터 방법론을 끄집어낼 수는 있습니다. 이런 식으로 나는 내가 탐험의 책(livres d'exploration)이라고 부르는 것과 방법의 책(livres de méthode)이라고 부르는 것들 중 하나를 쓰게 됩니다. 탐험의 책에는 『광기의 역사』, 『임상 의학의 탄생』(*Naissance de la clinique*) 등등이 속하고, 방법의 책에는 『지식의 고고학』(*L'archéologie du savoir*) 같은 책들이 속하지요. 그리고 『감시와 처벌』(*Surveiller et Punir*)을 끝마치고, 『성의 역사』를 완결하길 기다리고 있는 지금은, 여러 논문과 대담 등을 통해 방법론에 관한 몇 가지 생각들을 정리하고 있는 중입니다.

[나에게는] 고정된 뚜렷한 규칙이 없습니다. 다만 또 다른 조사 대상을 명확히 하는 데 도움을 주는, 완결된 작업들이 담고 있는 일련의 정확한 고찰들이 있을 뿐이지요. 당신이 구체적인 상을 원한다면, 매듭지어지고 있는 기획과 새로이 시작되는 기획들 사

이에 중계 지점으로 기능하는 발판들의 연결망을 생각해 보십시오.

이런 식으로 나는 나 자신이나 다른 사람들에게 명확한 가치를 가지는 일반적인 방법을 구축하지 않습니다. 내가 쓰는 것은, 나 자신이나 다른 사람들에게 어떠한 처방전이 될 수 없습니다. 기껏해야 그것의 성격은 도구적이고, 공상적이며 꿈같은 것이지요.

| 듯치오 뜨롬바도리 |

방금 당신의 발언을 통해서, 당신 주장이 가지는 독특한 면을 확인할 수가 있군요. 어떤 의미에서는 당신의 발언을 통해, 당신을 현대 철학 사상 내의 특정한 자리에 위치시키려고 시도하는 비판가들이나 해석가, 주석가 들이 직면하는 어려움들을 설명할 수 있겠군요.

| 미셸 푸코 |

그러나 나는 나 자신을 철학자라고 생각하지 않습니다. 내가 하는 것은 철학을 하는 방식도 아니고, 다른 이들에게 철학을 하지 말라고 제안하는 방식도 아닙니다. 나로 하여금 — 나를 형성시킨 사람들이라고 말하지는 않겠습니다만 — 기존의 대학 교육으로부터 벗어날 수 있게 해준 가장 중요한 저자들은, 프리드리히 니체(Friedrich Nietzche), 죠르주 바따이유(George Bataille)[3], 모리스 블랑쇼(Maurice Blanchot)[4], 삐에르 클로소프스키(Pierre Klossowski)[5] 같은 이들이었습니다. 이들 모두는, 엄격한 제도적 의미에서는, "철학자"가 아니지요. 내가 그들에게 끌렸던 가장 큰 이유는 그들이 체계를 구축하는 데 관심을 보인 사람들이 아니라, 직접적이고 개인적인 경험들을 손에 넣는 데 관심을 기울인 사람들이라는 점이었습니다. 그러나 대학에서는 내가 학생일 당시 헤겔주의나 현상학이라고 불렀던 저 위대한 철학적 기념물들을 이해하기 위해 노력하라고 가르치고 있었지요.

| 듯치오 뜨롬바도리 |

당신은 현상학도 [체계의 철학에] 포함시키고 있군요. 그러나 모든 현상학적 사고는 경험이라는 문제에 초점을 맞추고, 이것에

---

3. [옮긴이] 조르쥬 바따이유(1897~1962)는 프랑스의 작가이자 철학자로 열렬한 니체주의자였다. 그는 광기와 도취 등의 디오니소스적 계기들을 찬미했으며, 일생 동안 죽음과 성, 위반의 문제에 대해 사유하였다. 푸코는 자신에 대한 바따이유의 영향을 계속적으로 강조했으며, 바따이유의 사후, 그의 사상에 관한 논문을 쓰기도 했다. 이 글은 『미셸 푸코의 문학비평』, 김현 편역, 문학과 지성사, 1989에 「위반에의 서언」이라는 제목으로 번역되어 있다.
4. [옮긴이] 모리스 블랑쇼(1907~2003)는 프랑스의 작가이자 철학자이다. 그는 죽음의 문제를 집중적으로 사고했으며, 글로서 표현될 수 없는 공간, 즉 외부의 공간에 대한 사유와 내・외부를 가르는 경계를 오가는 한계-경험의 표현에 심혈을 기울였다. 푸코는 블랑쇼의 사유를 '외부의 사유'로 정의하고 있다. 「외부의 사유」, 『미셸 푸코의 문학비평』, 김현 편역, 문학과 지성사, 1989를 참고할 것.
5. [옮긴이] 피에르 클로소프스키(1905~2001)는 프랑스의 작가이자 화가이다. 그는 사드(Marquis de Sade)와 바따이유의 영향을 받았으며, 성을 둘러싼 극단적 경험들을 소설과 그림으로 형상화하려 노력하였다.

기반하여 자신들의 철학이 가진 이론적 지평을 추적하고 있습니다. 그렇다면, 당신은 자신이 어떠한 면에서 현상학자들과 구분된다고 생각하는 것이지요?

| 미셸 푸코 |

현상학자들의 경험은 기본적으로, "생활 경험"(le vécu)[6]이라는 어떤 대상을 가지는 매일의 일시적 형태 속에서 성찰적 응시(regard réflexif)를 통해 그것을 파악하는 방식입니다. 그들은 이를 통해 그것의 의미를 파악하려고 하지요. 반대로, 니체, 바따이유, 블랑쇼는 경험을 통해 생의 불가능성에 가능한 한 가까이 위치한, 한계 혹은 극한에 놓여진 삶의 지점에 도달하고자 합니다.[7] 그들은 강렬도와 불가능성의 최대한을 동시에 헤아려 보려고 하지요. 반면에, 현상학자들의 작업은 본질적으로 일상적 경험과 연결된 가능성들의 전체 영역을 펼쳐나가는 것으로 이루어져 있습니다.

---

6. [옮긴이] 푸코는 자신의 한계-경험 개념을 현상학의 경험 개념과 구분하기 위해, 종종 현상학에서 주목하는 일상생활에서의 경험을 "le vécu"(영어로는 the lived)로 표현한다. "체험" 내지는 "살아온 경험" 정도로 번역할 수도 있지만, 여기서는 한계-경험과의 차이를 분명히 하기 위해 "생활 경험"으로 옮겼다.
7. 푸코는 다른 곳에서 "한계"(limit)라는 주제에 이름을 붙이기 위해 "위반"(transgression)이라는 용어를 사용하고 있다. 다음을 보라. "A Preface to Transgression" in *Language, Counter-Memory, Practice* ed. Donald F. Bouchard(Ithaca: Cornell University Press, 1977), pp. 29~52. [한국어판 : 「위반에의 서언」, 『미셸 푸코의 문학비평』, 김현 편역, 문학과 지성사, 1989.]

게다가, 현상학은 주체와 자기, 그리고 그것이 가지는 초월적 기능의 기본적 특성을 재확인하기 위해 일상적 경험의 의의를 파악하려 합니다. 반대로 니체, 블랑쇼, 바따이유에게 경험은 오히려 주체를 그 자체로부터 "뿌리뽑는"(arracher) 일입니다. 주체가 더 이상 예전의 주체일 수 없는 방식으로, 혹은 주체의 소멸이나 분해에 이를 수도 있는 방식으로 말이지요.

내가 이 저자들로부터 배운 근본적인 교훈은, 이러한 주체 해체 작업, 즉 주체를 그 자체로부터 찢어내는 "한계-경험"(expérience limite)[8]이라는 생각이었습니다. 그리고 이러한 교훈으로 인해, 나는 내 완성된 책들이 얼마나 지루하든지 혹은 얼마나 박학다식하든지 간에, 항상 그 책들을 나를 나 자신으로부터 "뿌리뽑고" 나를 똑같은 상태로 있지 못하게 하는 직접적 경험으로 생각하고 있습니다.

| 듯치오 뜨롬바도리 |

연속적으로 전개되는 경험으로서의 작업, 방법에서의 극단적 상

---

8. [옮긴이] 한계-경험은 푸코가 바따이유와 블랑쇼에게서 빌려온 개념으로, 일상적인 경험을 지배하는 경계들에 맞서고 그것을 넘어서는 것을 추구하는 경험을 말한다. 이러한 한계-경험을 통해서 주체가 가졌던 기존의 주체성은 의문시되며, 극복된다. 바따이유의 위반(transgression) 개념은, 한계-경험 개념과 매우 유사하다. 바따이유에 따르면, 주체는 위반을 통해 자신을 잊는 무아경(無我境, ecstacy)의 경지에 이를 수 있다. 아마도 죽음은 한계-경험의 대표적인 예일 것이다.

대성, 주체 해체의 긴장. 내가 이해하기로는 이 세 가지가 당신이 가진 지적 태도의 핵심적인 측면들인 것 같군요. 그런데 이러한 면들을 종합해 볼 때, 그러한 방식의 연구 결과에 어떠한 확실성이 있을지 궁금합니다. 즉, 당신의 사고방식이 가진 전제들에서 나오는 명확한 "진리의 기준"(critère de vérité)은 무엇이 될 수 있을까요?

| 미셸 푸코 |

내가 말하는 것의 진실성에 대한 문제는 나에게 매우 어려운 문제이면서도 중심적인 문제입니다. 그것은 본질적으로는 지금까지 내가 대답하지 못한 문제이지요.

작업 과정에서 나는 고전적인 연구 방법의 일부분을 사용합니다. 즉, 나는 논증, 사료를 통한 증명, 다른 문헌의 인용, 권위 있는 견해에 대한 언급, 사실들과 문헌들의 연결, 설명 유형의 제안 등의 방법을 사용합니다. 여기에 독창적인 점은 없습니다. 이런 점에서 보면, 내가 저작에서 주장한 것들 모두는 다른 역사서의 주장들처럼 입증되거나 논박될 수 있는 것들입니다.

그럼에도 나의 책을 읽은 사람들은, 심지어 내가 하는 일의 가치를 인정하는 사람들조차도, 나에게 종종 웃으면서 이렇게 이야기합니다. "하지만 당신도 결국엔 알고 있겠죠? 당신이 이야기하는 것이 허구일 뿐이라는 것을요!" 그러면 나는 항상 이렇게 대답하지요. "그 누가 자신이 허구가 아닌 것을 쓴다고 생각한 적이 있었을까요?"[9]

예를 들어, 내가 17세기에서 19세기 사이 유럽에서의 정신의학 기관들의 역사에 관해 쓰기를 원했다면, 나는 확실히 『광기의 역사』 같은 책을 쓰지는 않았을 것입니다. 그러나 나에게는 전문 역사가들을 만족시키는 것은 중요하지 않습니다. 그보다 나는—특정 시기의 역사적 자료들을 횡단함으로써—나 자신을 경험하는데, 오늘날의 우리를 경험하는데, 우리의 과거뿐 아니라 현재를 경험하는 데 초점을 맞췄습니다. 그리고 나는 그 경험을 함께 하자고 다른 사람들을 초대한 것입니다. 이러한 방식의 근대성의 경험을 통해서 우리는 다른 모습으로 변환(transformation)[10]될 수 있을지 모릅니다. 다시 말해, 책의 결론에 이르러서 우리는 그 때까지 논의해 왔던 것들(예를 들어, 근대 세계에서의 광기와 그것의 구성, 그것의 역사 같은 것들)과 새로운 관계를 정립할 수 있

---

9. *Power/Knowledge*, ed. Colin Gordon(Brighton: Harvester Press; New York: Random House, 1990), p. 212에서 푸코는 자신의 저작을 '구성물'(fabrication)로 묘사한다. [한국어판: 『권력과 지식-미셸 푸코와의 대담』, 홍성민 옮김, 나남, 1991.]

10. [옮긴이] 변환은 변화와 구분된다. 변화는 여러 형태의 운동들을 모두 가리키지만 변환은 변화들 중에서 특수한 하나의 양태를 가리킨다. 변환의 개념은 수학에서 유래한 개념이다. 이 개념은 체계의 개념을 전제한다. 즉 변환은 각종 요소들로 형성된 하나의 체계가 총체적으로 바뀌는 것을 의미한다. 즉 이 개념은 불연속의 개념을 함축하는 것이다.(미셸 푸코, 『담론의 질서』, 이정우 옮김, 새길, 1993, 178쪽 역자 용어해설.)

다는 것입니다.

| 둣치오 뜨롬바도리 |

당신의 담론이 가지는 효력은, 논증의 힘과 경험(우리가 현재를 경험하고 판단하는 문화적 지평의 변환을 이끌어 낼 수 있는 그러한 경험)을 야기하는 능력 간의 균형 속에서 작동하는 것 같군요. 하지만 나는 이러한 과정이 우리가 앞서 "진리의 기준"이라 불렀던 것과 어떻게 관계를 맺게 되는 것인지 여전히 이해할 수가 없습니다. 즉, 당신이 말하고 있는 변환은 진리와 어느 정도로 관계를 맺고 있습니까? 혹은 그것들은 어떻게 "진리-효과"(effets de vérité)를 생산합니까?

| 미셸 푸코 |

내가 쓴 것과 그것들이 생산하는 효과 사이에는 특별한 관계가 있습니다. 나는 허영심에서 이런 소리를 하는 게 아닙니다. 『광기의 역사』의 운명을 보십시오. 그 책이 출판되자, 몇몇 문학가들(모리스 블랑쇼, 롤랑 바르트(Roland Barthes) 등등)은 그 책을 환영했고, 정신의학자들은 의구심을 가지고 그 책을 주시했으며, 그러한 문제들에 관심이 없었던 역사학자들은 그 책을 완전히 무시했었습니다. 그후, 몇 달 뒤에 적대감의 수위가 높아져, 사람들은 그 책이 근대 정신의학에 대한 직접적인 공격이며, 반-정신의학

선언이라고 판단했지요. 그러나 이러한 반응은 적어도 두 가지 이유에서 전혀 내가 의도한 바가 아니었습니다. 첫째로, 내가 1958년 폴란드에서 이 책을 썼을 때, 반-정신의학 운동은 존재하지 않았습니다.(랭(Ronard Laing)[11]은 거의 무명에 가까웠지요.) 둘째로, 어쨌거나 그 책은 19세기 초엽 이전의 사건들과 사실들을 분석하는 데서 멈추고 있기 때문에, 현대의 정신의학에 대한 직접적인 공격은 아닙니다. 그러면 왜 사람들은 그 책이 현대 정신의학에 대한 직접적인 공격이라고 계속해서 주장할까요? 나는 다음과 같은 이유 때문이라고 생각합니다. 즉, 그 책은 나 자신을 포함해 그 책을 접하거나 읽은 모든 이들에게, 스스로가 광기, 정신의학 제도, 그리고 정신의학 담론의 "진리"와 맺고 있었던 (역사적으로, 이론적으로, 그리고 윤리적 관점으로부터 각인된) 관계들의 변환을 가져왔던 것입니다.

이 점에서 그 책은 역사적 진리에 대한 논증보다는 경험으로 더 많이 기능합니다. 이런 식으로 나는 다시 "진리"에 대한 담론으로 돌아오게 됩니다. 『광기의 역사』 같은 책을 통해서 그러한 경험을 하기 위해서는 그 책이 주장하는 바가, 역사적으로 입증

11. [옮긴이] 로날드 랭(1927~1989)은, 데이빗 쿠퍼(David Cooper) 등과 함께, 영국의 '반정신의학' 운동을 주도했던 인물이다. 그들은 장기간의 감금과 합의 없이 행해지는 치료 등이 환자에게 미치는 파괴적인 효과에 주목하고, 대안적 수용 체제와 환자들을 치료하는 새로운 방법들을 실험하였다.

가능한 진리라는 의미에서 어쨌든 "진실할" 필요가 있다는 점은 명백합니다. 그러나 핵심은 일련의 역사적으로 입증 가능한 증거들 속에 있지 않습니다. 오히려 핵심은 그 책이 우리에게 주는 경험에 있습니다. 그리고 이 경험은 진실된 것도 거짓된 것도 아닙니다. 그것은 항상 허구이며, 만들어진 것이고, 경험되기 이전에는 존재하지 않다가 경험된 후에야 존재하는 것입니다. 그것은 "진실된" 어떤 것이 아닙니다. 그러나 그것은 현실성을 가지고 있지요.

다시 말해, 진리와의 어려운 관계는, 진리가 경험 내부에 위치하면서도 그것에 구속되지는 않는, 그리고 특정한 한계 내에서 그 경험을 파괴하기도 하는 방식에 전적으로 달려 있습니다.

| 둣치오 뜨롬바도리 |

이러한 "진리와의 어려운 관계"는 당신의 연구에 항상 뒤따르는 것인가요? 그러면, 『광기의 역사』 이후 일련의 저작들에서도 이러한 관계를 찾을 수 있습니까?

| 미셸 푸코 |

『감시와 처벌』에 대해서도 똑같이 말할 수 있습니다. 그 연구는 약 1830년대까지의 시기에 대한 조사로 한정되어 있지요. 그러나 이 경우에도 독자들은, 그들이 그 책에 비판적이든 아니든 간에,

그 책을 현대 사회에 대한 묘사로 받아들였습니다. 비록 『감시와 처벌』이 현대 사회의 특정한 경험들과 연결되어 있는 것은 사실입니다만, 당신은 그 책에서 현대 사회에 대한 분석은 찾을 수 없을 겁니다.

여기에서도, 연구를 위해서 많은 "진실된" 문헌들이 사용되었습니다. 그러나 이러한 방법은, 진리의 증거를 보여주기 위해서뿐 아니라, 우리가 스스로와 맺고 있는 관계 그리고 우리의 문화적 세계(즉, 우리의 지식)와 맺고 있는 관계들을 변환하고 개조하게 해줄 경험을 제공하기 위해서 사용되었습니다.

그러므로 이러한 진리와 허구 사이의 게임은 — 당신이 원한다면, 증명과 위조(fabrication) 간의 게임이라 해도 좋습니다. — 우리로 하여금 무엇이 우리를 근대성과 연결시키는지 명확히 볼 수 있게 해주는 동시에, 그 연결이 변화된 상태로 드러나도록 해줍니다. 이러한 경험은 우리에게 특정한 메커니즘들(예컨대 감금과 형벌 같은 것들)을 명료하게 해줌과 동시에, 완전히 다른 형태 속에서 그것들을 인지하게 함으로써 그것들과 우리를 분리시켜 줍니다. [두 가지 기능을 하는] 이 경험은 하나이고 동일한 것입니다.

이것이 내가 해온 작업의 진정한 핵심입니다. 그러면 이것이 가지는 함의는 무엇일까요? 첫째, 나는 연속적이고 체계적인 이론적 배경에 의존하지 않는다는 것입니다. 둘째, 나의 모든 책은 — 적어도 부분적으로라도 — 나의 직접적인 경험과 관련되어 있다는 점입니다. 나는 광기, 정신병동, 질병 그리고 심지어 죽음과도 개인적이고, 복잡하며, 직접적인 관계를 맺었습니다. 내가 『임상의학의 탄생』을 쓰면서 죽음이라는 주제가 의학 지식 속에 도입되는 문제에 대해 논의했을 당시에, 죽음은 나에게 중요한 의미를 가진 것이었습니다.[12] 셋째, 경험에서부터 시작하면서도, 개인적인 변환에 그치지 않고 다른 사람들도 접근할 수 있는 변환과 변형으로의 길을 열어갈 필요가 있다는 것입니다. 즉, 이러한 경험은 몇 가지 방식으로 집합적 실천과 사고방식에 연결될 수 있는 것이어야 합니다. 이러한 연결이, 예컨대 프랑스에서의 수감자 운동이나 반-정신의학 운동 같은 운동들 속에서 발생하고 있는 것입니다.

| 둣치오 뜨롬바도리 |

당신이 집합적 실천과 연결 가능한 변환으로의 길을 열어가야 한다고 이야기하는 곳에서, 나는 이미 방법론의 윤곽 혹은 "가르침"(enseignement)의 특정한 유형을 감지했습니다. 당신은 그렇게 생각하지 않습니까? 그런데 이러한 당신의 주장은, 당신이 계

12. [옮긴이] 푸코는 젊은 시절에 몇 번의 자살 시도를 경험한 것으로 보인다. 알뛰세가 그의 자살을 염려해, 푸코의 동료로 하여금 그를 감시하게 한 것은 매우 유명한 일화이다. 푸코 생애 전반을 지배하는 죽음에의 충동은, 제임스 밀러, 『미셸 푸코의 수난』, 김부용 옮김, 인간사랑, 1995에서 자세히 드러난다.

속 말해 왔던 다른 요구, 즉 처방을 내리는 담론들을 피하라는 요구와 모순되는 것 아닙니까?

| 미셸 푸코 |

나는 "가르침"이라는 용어를 거부합니다. 그 용어는, 일반화될 수 있는 방법, 명확한 지시들로 가득 찬 방법, 그리고 독자들에 대한 "가르침" 덩어리로 이루어진 방법으로 나아가게 되는 체계적인 책과 작업이 가진 특성을 반영한 단어입니다. 나의 경우에는 사정이 전혀 다릅니다. 내 책들은 그러한 종류의 가치는 가지고 있지 않습니다. 내 책들은 언젠가는 이와 같은 것을 하거나, 이와 유사한 어떤 것을 하기를 원하는 이들, 즉 어떤 경우에라도 이러한 종류의 경험에 들어서기를 원하는 사람들에게 보내는 초대장과 공적인 의사표시로서 기능합니다.

| 뒷치오 뜨롬바도리 |

그렇지만 "집합적 실천"은 우리로 하여금, 개인적 경험을 넘어서는 가치와 기준, 그리고 행위의 문제로 돌아가게 하는 것이 사실 아닙니까?

| 미셸 푸코 |

하나의 경험은 개인이 홀로 체험하는 것입니다. 그러나 그 경험

은, 순수한 주체성에서 벗어나 타자들이—그 경험을 정확히 재경험해야 한다고 이야기하지는 않겠습니다만, 적어도—그 경험과 조우하고 그것을 자신들에게 투사해 볼 수 있는 방식을 통해서만, 완벽한 영향력을 가질 수 있습니다. 잠시 감옥에 관한 책으로 돌아가 보도록 하지요. 어떠한 면에서 그것은 하나의 역사적 연구입니다. 그러나 독자들은 역사기술 작업으로서 그 책의 가치를 평가하거나 비난하지 않았습니다. 그 책의 독자 모두는 그것이 그들에 대한, 오늘날의 세계에 대한, 그리고 (모든 이들이 현대 사회를 인식하고 받아들이는 형태 속에서) 현대 사회와 그들이 맺게 되는 관계에 대한 서술이라는 인상을 받았습니다. 우리는 [그 책을 통해] 오늘날의 어떤 것이 토론에 부쳐지고 있다고 느끼는 것이지요. 그리고 사실 나는 형사 제도들에 "대해" 성찰하고, 그에 "맞서" 투쟁하던 작업 집단에 몇 년간 참여한 후에야,[13] 이 책을 쓰기 시작했습니다. 그 작업은 수감자와 그들의 가족, 교도관, 치안 판사 등등과 함께 한 복잡하고도 어려운 작업이었습니다.

그 책이 나왔을 때, 여러 독자들이—특히 교도관과 사회 복지사들이—다음과 같은 특이한 의견을 내놓더군요. "이 책은 충격적인 것이다. 이 책에는 아마 몇몇 정확한 관찰들도 있겠지만, 어

---

13. [옮긴이] 죄수들에게 직접 발언할 수 있는 기회를 주기 위해, 푸코가 조직한 〈감옥정보집단〉(G.I.P. : Groupe d'information sur le prisons)을 말한다. 자세한 내용은 5장의 주 1을 참고하라.

쨌든 분명히 한계를 가지고 있다. 왜냐하면 그것은 우리를 마비시키며, 우리가 지금까지 해왔던 일들을 계속하지 못하게 하기 때문이다." 나의 대답은, 이러한 반응이 그 책의 성공을 증명하는 진술이라는 것입니다. 이 진술은 그 책이 내가 의도한 방식대로 작동하고 있다는 사실을 증명해 주고 있습니다. 즉, 그 책은 우리를 바꾸는 경험으로서 읽혀지고 있습니다. 그 경험은 우리로 하여금 항상 같은 상태로 존재하지 못하게 하며, 이 책을 읽기 전 사물이나 타자들과 맺었던 관계를 그대로 유지하지 못하게 합니다. 그리고 이러한 사실은 그 책이 나 자신만의 경험을 넘어선 확장된 경험을 표현하고 있다는 사실을 보여주는 것이지요. 우리는 현대인에게 있어 그 자신에 대해 가지고 있는 감각과 관련된 변환이 이미 진행중이라고 말할 수 있습니다.[14] 그러므로 그 책은 이미 진행중이었던 것을 그저 기록한 것일 뿐입니다. 그런데, 한편으로 그 책은 또한 이러한 변환을 위해서 작동하고 있습니다. 즉, 그것은 비록 작은 규모일지라도 하나의 행위자입니다. 그렇습니다. 내가 보기에 그 책은 "진리-책"(livre-vérité)이나 "논증-책"(livre-démonstration)에 대립되는 하나의 "경험-책"입니다.

---

14. 우리는 homme라는 단어에 원문에는 존재하지 않는 여성주의적 의미를 덧붙이기보다는 이를 모두 "man"으로 번역했다. 다음을 참고하라. Roland Barthes, *Image/Music/Text*, trans. Stephen Heath(New York: Hill and Wang, 1977), p. 11.

2장

주체, 지식, 그리고 '진리의 역사'

| 둣치오 뜨롬바도리 |

이쯤에서 나도 한마디 하고 싶군요. 당신은 스스로에 대해 그리고 자신의 연구에 대해 언급하면서, 마치 자신의 연구가 그것이 자라날 수 있었던 역사적 맥락—무엇보다도 문화적 관계들—과 거의 무관하게 발전했던 것처럼 말하고 있습니다. 당신은 앞서 니체, 바따이유, 블랑쇼를 언급했습니다. 그런데, 당신은 어떻게 그들에게 도달할 수 있었지요? 당신의 지적 형성기 동안 프랑스의 지적 정황은 어떠했고, 당시 가장 활발했던 이론적 논쟁은 무엇이었습니까? 당신 사유의 주된 방향과 원칙들을 이끌어 낸 것은 무엇이지요?

| 미셸 푸코 |

내가 언급한 니체, 블랑쇼, 바따이유는, 1950년대 초반의 대학 시절 동안 내게 지배적 영향을 끼쳤던 이들로부터 벗어날 수 있게 해주었던 저자들입니다. 나는 앞서 이미 헤겔과 현상학에 대해서 언급했는데, 이러한 철학 사조는 당시 프랑스 대학 교육의 핵심이었지요. 당시에 철학을 한다는 것은 — 대개의 경우, 오늘날에도 여전히 그렇지만 — 본질적으로 철학사를 공부한다는 것을 의미했습니다. 그런데 당시의 철학사 연구는 한편에서는 헤겔의 체계적 이론에 의해 한정되고, 다른 한편에서는 주체 철학에 의해 한정되어, 현상학과 실존주의의 형태하에서 진행되고 있었지요. 실질적으로, 주된 영향을 미쳤던 이는 헤겔이었습니다. 헤겔은 이 분야를 상당부분 통제하고 있었는데, 당시 프랑스에서 헤겔은, 이뽈리뜨(Jean Hyppolite)[1]의 강의와 장 발(Jean Wahl)[2]의 저작 이후 이루어진 일종의 새로운 발견 같은 것이었습니다. 헤겔주의는

---

1. [옮긴이] 장 이뽈리뜨(1907~1968)는, 헤겔의 『정신현상학』을 불어로 번역하고 『정신현상학의 생성과 구조』를 저술하는 등, 2차 세계대전 후 프랑스에 헤겔 철학을 소개하는 데 지대한 역할을 했다. 실제로 푸코는 고등학교와 고등사범학교 시절 이뽈리뜨의 강의를 들은 적이 있으며, 이뽈리뜨의 후임으로 〈꼴레쥬 드 프랑스〉 (Collège de France)에서 강의하였다. 푸코는, 「니체, 계보학, 역사」라는 논문을 이뽈리뜨에게 바쳤는데, 이 논문은, 이광래, 『미셸 푸코 : 광기의 역사에서 성의 역사까지』, 민음사, 1989, 329~359쪽에 국역되어 있다.
2. [옮긴이] 장 발(1888~1974)은, 『헤겔 철학에서의 불행한 의식』 등의 저서를 통해 프랑스에 헤겔을 소개하는 역할을 하였다. 푸코는 고등사범학교 시절 소르본느에서 그의 강의를 들은 경험이 있다.

"불행한 의식"(conscience malheureuse)이라는 주제를 매개로, 현상학과 실존주의에 깊게 스며들었지요.[3] 그리고 사실 그러한 헤겔주의는, 2차 세계대전의 비극과 그것에 선행한 거대한 격변들(러시아 혁명, 나치즘 등등)을 통해 나타난 현대 사회를 파악하는 가장 광범위한 이해 형태로서, 당시 프랑스 대학이 제공할 수 있는 최상의 것이었습니다. 이러한 헤겔주의가 우리의 직전 세대가 경험했고, 여전히 우리에게 잔존해 있었던 비극을 이성적으로 이해하고자 하는 방법으로 나타난 반면에, 대학 밖에서는 사르트르(Jean-Paul Sartre)가 주체의 철학으로 가장 많은 추종자들을 거느리고 있었습니다. 그리고 이 두 가지 경향이 만나는 지점이 메를로-퐁티(Merleau-Ponty)였습니다. 그는 세계의 명료성, 실재의 명료성 같은 영역 속에서 실존주의적 담론을 발전시켜 나갔지요.

한편으로 철학사 교수가 되지 않고, 다른 한편으로 실존주의와 전혀 다른 무엇인가를 찾고자 했던 나의 선택은 이러한 지적 풍

---

3. [옮긴이] 헤겔은『정신 현상학』에서, 현실과 이상의 자기모순을 화해시키기 위한 노예의 세 가지 의식형태로 스토아주의, 회의주의, 불행한 의식을 들고 있다. 이 중 불행한 의식은, 노예가 자신이 속한 현실보다 더 본질적인 세계를 관념적으로 설정한 후, 그 본질적인 세계에 존재하는 절대자 앞에서는 노예와 주인이 동일하다는 논리로 주인-노예 관계를 부정하는 것을 말한다. 그러나 헤겔에 따르면, 이는 주인-노예 관계의 진정한 부정이 될 수 없다는 점에서 스토아주의, 회의주의와 마찬가지로 잘못된 의식일 뿐이다.
이러한 '불행한 의식'의 극복은, 실존주의의 풀고자 했던 핵심적인 과제였다. 예를 들어 사르트르는 인간의 의식은 본성상 '불행한 의식' 그 자체라고 보았으며, 실존적 행동과 선택을 통해 이와 대결할 것을 강조하였다.

경 속에서 무르익었습니다. 이렇게 해서 나는 바따이유, 블랑쇼와 조우하고, 그들을 통해 니체를 읽을 수 있었지요. 그 사람들은 나에게 무엇을 의미했을까요? 무엇보다 그들은 "주체"라는 범주와 그것의 우월성(suprématie), 그리고 그것의 기원적 기능에 이의를 제기하는 초대장이었습니다. 다음으로, 나는 주체를 의문에 부치는 작업이 사변적인 것으로 제한된다면, 아무 의미가 없을 것이라고 확신할 수 있었습니다. 즉, 주체를 의문에 부치는 작업은, 주체의 실질적인 파괴와 분해가 될지도 모르는, 즉 근본적으로 "다른 것"으로의 주체의 폭발이나 격변이 될지도 모르는 하나의 실험을 의미해야 했습니다.

| 둣치오 뜨롬바도리 |

비판적 태도에 의해서만 형성된 것인가요? 아니면, 전쟁 말기의 프랑스 현실에 대한 성찰을 통해서도 자라난 것입니까? 이것은 정치와 문화 간의 관계, 그리고 새로운 지식인 세대가 정치를 경험하고 해석했던 방식을 염두에 둔 질문입니다.

| 미셸 푸코 |

나에게 있어, 정치란 본질적으로 나의 이론적 성찰 속에서 스스로가 얼마나 성숙했는가를 시험하는 방법이자, 니체나 바따이유 식의 경험을 가질 수 있는 기회였습니다. 전쟁 직후 스무 살을 맞았

던 사람들(그 비극에 참여했다기보다는 그 시절을 견대내야 했었던 이들)에게, 정치가 스딸린의 소련과 트루만의 미국 사이에서, 혹은 〈구(舊)프랑스 사회당〉(S.F.I.O)[4]과 〈기독교 민주당〉 사이에서 하나를 선택해야 하는 문제로 다가왔을 때, 도대체 그들에게 정치가 무엇을 의미할 수 있었을까요? 많은 이들이, 미래에 교수, 기자, 작가 등등의 "부르주아적" 직업을 가지는 것은 참을 수 없는 짓이라고 생각했습니다. 전쟁의 경험 그 자체는, 나치즘을 허용하고 나치즘 앞에서 몸을 팔았으며 결국 드골과의 연합으로 나아간, 그 전에 우리가 살아왔던 사회와는 근본적으로 다른 사회를 창조해야 할 긴급성과 필요성을 우리에게 보여주었습니다. 프랑스의 많은 젊은이들은 이 모든 것들에 대해서 전면적인 거부 반응을 보였지요. 우리는 다른 세계와 다른 사회를 원할 뿐 아니라, 더 근본적으로 나아가, 스스로를 변환하기를 그리고 관계들을 변혁함으로써 완전히 "다른 사람"이 되기를 원했습니다. 즉, 우리는 완전히 다른 세계에서 완전히 다른 사람이 되기를 원했던 것이지

---

4. 구(舊)프랑스 사회당(S.F.I.O)의 정식명칭은 〈노동자 인터내셔널 프랑스 지부〉(Section Française de l'Internationale Ouvrière)이다. 구프랑스 사회당은, 1905년 창립되어 현재의 사회당이 창당되기 전인 1969년까지 활동하였다.[〈구프랑스 사회당〉은 1921년 이루어진 〈프랑스 공산당〉과의 분당 이후, 계속해서 의회주의 노선을 고수한 정당이다. 특히 제 2차 세계대전 이후에는 '공산주의'와 '드골주의' 양자에 반대하는 제 3세력의 결집을 주장하며, 기독-민주주의 세력과 연합하였다. -옮긴이]

요. 그렇다면 내가 당신에게 이야기했던 헤겔주의, 즉 우리가 대학에서 배웠던 "연속적인" 명료성의 역사 모형을 가진 헤겔주의가, 우리를 만족시킬 수 없다는 것은 명확했습니다. 주체의 우위와 그것의 기본적인 가치를 확고히 유지했던 현상학이나 실존주의 역시 마찬가지였지요.

반면에 사람들은 니체에게서 무엇을 발견했을까요? 그것은 불연속의 사상, "인간"을 넘어서는 "초인"의 선언이었습니다. 그리고 사람들은 바따이유에게서 주체가 가진 불가능성의 한계에서 주체가 분해에 이르거나 스스로를 벗어나게 되는 "한계-경험"이라는 주제를 발견했습니다. 그 모든 것들이 우리에게 핵심적인 가치를 지니고 있었습니다. 그리고 나에게 그것은 하나의 탈출구, 즉 전통적 철학의 속박에서 벗어날 수 있었던 기회였습니다.

| 둣치오 뜨롬바도리 |

지금까지 당신은 2차 세계대전의 비극적 경험과 함께, 전통 철학의 사변적 방법으로는 그 경험을 실질적으로 설명할 수 없었음을 이야기했는데요. 그러나 당신은 어째서 장 폴 사르트르의 사상을 이러한 실패 속에 포함시키고자 하는 겁니까? 특히 프랑스에서 실존주의는 기존의 이론적 전통에 대한 반발이자, 당대 지식인의 역할을 재고하기 위한 시도이지 않았나요?

| 미셸 푸코 |

사르트르 류의 철학에서는, 세계에 의미를 부여하는 것은 주체였습니다. [그 철학 속에서] 이 점은 의문의 여지가 없었습니다. 주체는 세계에 의미를 주는 존재였지요. 그러나 나는 여기서 한 가지 의문이 생겼습니다. 즉, 주체가 유일하게 가능한 실존 형태라고 이야기될 수 있을까요? 주체가 자신을 구성하던 관계들과 더 이상 자기-동일성 속에 있을 수 없는, 그런 경험은 없을까요? 그리고 그 결과, 주체가 그 자체와 결별하고, 그 자신과의 관계를 깨뜨리며, 동일성을 상실하도록 만드는 그러한 경험은 있을 수 없는 것입니까? 이러한 경험이 아마도 영원회귀로 나타나는 니체의 경험이 아닐까요?

| 둣치오 뜨롬바도리 |

이미 언급한 저자들 외에, 당시 니체의 저작을 연구하거나 그에 대해 언급했던 사람은 누가 있었습니까?

| 미셸 푸코 |

니체의 발견은 대학 밖에서 이루어졌습니다. 나치가 그를 이용했던 것 때문에, 사람들은 니체에 대해 논하지 않았고 그에 대해 강의하지도 않았지요. 반면에, [대학에서는] 철학 사상에 대한 "연속주의적인" 독해가 두드러졌는데, 이는 헤겔주의와 실존주의가

몇 가지 방식으로 함께 공유하고 있던 역사 철학에 대한 입장이었습니다. 그리고 사실 맑스주의 문화 역시 이러한 경향을 공유하고 있었습니다.

| 둣치오 뜨롬바도리 |
당신은 맑스주의와 그 문화가 커다란 공백이나 되었던 양, 이제 와서야 그들에 대해 언급하시는 군요. 그러나 맑스주의는 이렇게 말해져서는 안 될 것 같은데요.

| 미셸 푸코 |
맑스주의 문화에 대해서는 나중에 이야기하고 싶군요. 지금은 우선 내가 보기에 신기했던 것에 대해 말하고 싶습니다. 젊은 지식인이었던 우리들 대부분에게, 니체나 바따이유에 대한 관심은, 맑스주의나 공산주의로부터 멀어지는 것을 의미하지 않았습니다. 오히려, 그것은 우리가 공산주의 사회에서 기대할 수 있는 것들에 도달하는 유일한 통로였습니다. 헤겔주의 철학은, 자신이 살고 있는 세계에 대한 전면적 거부의 욕구를 도저히 충족시킬 수 없었습니다. 공산주의에 의해 구체화될 수 있다고 믿었던 완전히 다른 세계에 도달하기 위해, 우리는 다른 경로들을 찾고 있었습니다. 그래서 나는 맑스를 잘 알지 못하면서도 헤겔을 거부하고 실존주의의 한계에 불만을 느꼈기 때문에 〈프랑스 공산당〉에 가입

하기로 마음먹었습니다. 그 때가 1950년도였는데, 그러니까 나는 일종의 '니체주의적 공산주의자'였습니다! 그건 정말 어울리지 않는 것이었고, 당신이 원한다면, 아마 약간 우스꽝스러운 일이라고 이야기할 수도 있을 겁니다. 나도 그렇게 보일 것이란 사실을 잘 알고 있습니다.

| 둣치오 뜨롬바도리 |

당신은 특이한 지적 경로를 통해서 〈프랑스 공산당〉에 가입하게 되었군요. 공산당 활동 경험은 당신과 당신의 이론적 연구에 어느 정도 영향을 미쳤습니까? 공산주의 투사로서 당신은 어떤 일들을 경험했고, 왜 당을 떠나기로 마음먹었습니까?

| 미셸 푸코 |

프랑스에서 젊은이들의 공산당 가입 움직임은 매우 급속하게 이루어졌습니다. 많은 사람들이 결정적인 단절의 순간도 없이 들어왔다 나갔다 했지요. 내가 공산당을 떠났을 때는 1952년 겨울 스딸린에 대한 "의사들의 음모" 사건[5] 이후였고, 나의 탈당은 끊임

5. [옮긴이] '모스크바 의사들 재판 사건'이라고도 한다. 말년의 스딸린은 자신이 암으로 죽을 것이라는 공포에 휩싸여서, 측근인 베로아의 주도하에 의료자문회의의 도움을 얻어 민간요법에 근거한 치료를 받고 있었다. 그러나 당시 베로아를 제거하고자 했던 당내의 다른 세력은, 이 의료자문회의의 구성원 대부분이 유태인이라는 사실을 이용하여, 이들이 스딸린을 중독시키려고 몹시 위험한 '곰팡이'를 배양하고 있

없는 거북한 느낌 때문이었습니다. 스딸린이 죽기 얼마 전에 일단의 유태인 의사들이 그를 살해하려 했다는 소문이 퍼졌고, 앙드레 뷔름세르(André Wurmser)는 그 계획이 실제로 어떻게 전개되었는가를 설명하기 위해 우리의 공산주의 학생 세포 조직에서 모임을 열었습니다. 우리는 뷔름세르의 설명을 완전히 납득할 수는 없었지만, 그 설명을 믿어보려고 애썼지요. 나는 이러한 태도를 끔찍한 것이었다고 부르고 싶습니다만, 그것이 나의 태도였고 내가 당에 남을 수 있는 방법이었습니다. 즉, 믿을 만한 사실들의 반대편에 서도록 강요받는 것도, "자기의 해체"를 수행하고 "다른 사람"이 되는 방법을 찾는 연습의 일부분이었던 것입니다.

이런 식으로 우리는 뷔름세르의 말을 진실로 받아들였습니다. 그러나 스딸린이 죽은 지 3개월 후에, '의사들의 음모'가 순전히 날조라는 것이 드러났습니다. 무슨 일이 일어났겠습니까? 우리는 뷔름세르에게 편지를 써서, 그가 와서 왜 그가 말한 암살기도가 발생하지 않았는지에 대해 설명해 주기를 요청했습니다. 그러나 우리는 어떠한 답장도 받을 수 없었지요. 어쩌면 당신은 그 당시 그러한 일은 흔한 것이었고, 그 일은 사소한 사건일 뿐이라고 말

다고 허위사실을 유포하였다. 이에 따라 의료자문회의 소속 의사들은 1953년 체포되어 재판을 받게 되었다. 이 사건은 스딸린 사망 이후 완전한 날조임이 드러났고, 의사들은 복권되었다. 푸코는 반-유태 감정이 얽혀 있는 이 사건에, 아마도 깊은 충격을 받았을 것이다.

할지도 모르겠습니다. 그러나 사실 내가 공산당으로부터 거리를 유지한 것은 바로 그 때부터였습니다.[6]

| 둣치오 뜨롬바도리 |

당신이 말한 일화는, 냉전과 가혹한 스딸린주의, 그리고 이데올로기와 정치, 당과 투사들 간의 특수한 관계맺음 같은 나름의 정세들 속에서 벌어진, 과거의 비극적인 상황을 잘 표현해 주는 장면 같군요. 그러나 유사한 상황에서 혹은 어쩌면 더 나쁜 상황에서도, 당을 떠나는 대신에 투쟁과 비판을 선택한 사람들도 있습니다. 당신의 해결책이 최선이었던 것 같지는 않군요.

| 미셸 푸코 |

더러운 쁘띠부르주아 같다는 식의 잘못된 이유로, 나를 최악의 공산주의자였다고 비난하고 싶어하는 공산당원들에게, 내가 좋은 증거를 제공하고 있다는 것을 잘 알고 있습니다. 그러나 나는 이러한 사실들이 진실이기 때문에, 그리고 이러한 태도를 가졌던 사람이 나 혼자만은 아니었다고 확신하기 때문에 이러한 이야기를 하고 있는 것입니다. 어쨌든 당에서의 짧은 경험은 매우 유용했

---

6. 푸코의 대학 생활과 공산당 활동에 대한 또 다른 논의로는, Alan Sheridan, *Michel Foucault: The Will to Truth*(London: Tavistock; New York, Methuen, 1980), pp. 2~5를 보라.

습니다. 무엇보다도 그 경험은 나로 하여금 몇 가지 것들을 깨닫게 해주었지요. 나는 앞서 말했던 일종의 "자신을 바꾸고자 하는 의지" 때문에, 일련의 일화들을 수용하고, 다른 사람들과 그 경험을 공유했습니다. 물론 이것이 [당에 가입하는] 좋은 이유는 아닙니다만, 당시 많은 학생들이 공산당 활동에 헌신하는 방식 중에는, 이러한 금욕주의나 자기-채찍질 같은 약간 우스운 면이 중요한 위치를 차지하고 있었습니다.(심지어 이러한 면은 오늘날 프랑스에서도 그렇습니다.) 예를 들어, 나는 티토 사건[7] 때 당을 떠난 여러 지식인들을 보았습니다. 그러나 바로 그 시기에, 그 모든 것이 발생한 방식 바로 그것 때문에, 당에 가입한 다른 사람들도 알고 있습니다. 더구나 그들은, 실망해서 당을 떠난 이들에 대한 거의 일종의 응답으로서 당에 가입했지요.

| 둣치오 뜨롬바도리 |

〈프랑스 공산당〉에서의 짧은 경험 이후에, 다른 정치적 활동에 참여하지는 않았습니까?

---

7. [옮긴이] 1948년 6월 유고슬라비아 공산당이 코민포름에서 제명된 사건을 말하는 듯 하다. 티토(Josip Broz tito)는 당시 유고슬라비아의 수상이자 유고슬라비아 공산당의 지도자로서, 소련과 구분되는 독자적인 사회주의를 목표로 비동맹중립외교 정책을 펼쳐나갔다. 스딸린은 티토의 이런 정책을 맹비난하고, 유고슬라비아와의 공식적인 관계를 중단했다.

| 미셸 푸코 |

예, 나는 [정치 활동에 대한] 공부를 끝마쳤습니다. 그 당시 나는 〈프랑스 공산당〉에서 전투적으로 활동하고 있던 루이 알뛰세(Louis Althusser)를 추종하고 있었고, 공산당에 가입하기로 결심한 것도 어느 정도는 그의 영향 때문이었지요. 그런데 내가 당을 떠났을 때, 그는 아무런 비난도 하지 않았고 당을 떠난 것 때문에 나와의 관계를 끊기를 원하지도 않았습니다.

| 둣치오 뜨롬바도리 |

당신의 관계, 적어도 알뛰세와의 지적 관계는, 일반적으로 알려진 것보다 더 오랜— 그리고 잘은 모르겠습니다만, 더 친밀한— 기원을 가지고 있습니다. 특히 1960년대 프랑스에서 이론적 논장을 지배했던 구조주의에 관한 논란에서, 당신의 이름은 종종 알뛰세와 함께 묶여지곤 합니다. 알뛰세는 맑스주의자이고, 당신이나 레비-스트로스(Claude Lévi-Strauss) 그리고 다른 구조주의자들은 맑스주의자가 아닙니다. 그러나 종종 비판가들은 당신들 모두를 "구조주의자"라는 용어 아래 어느 정도 함께 묶어버리곤 하지요. 이러한 사실을 어떻게 설명할 수 있을까요? 만약 당신들의 연구에 공통적인 지반이 존재한다면, 그것은 무엇입니까?

| 미셸 푸코 |

레비-스트로스를 제외한다면 그들 모두는 전혀 구조주의자가 아

닙니다. 즉, 알뛰세와 라캉(Jacque Lacan), 그리고 나 자신은 구조주의자가 아닙니다. 그렇지만, 지난 15년간 "구조주의자"라고 불려온 우리들 사이에는 공통적인 것이 하나 있기는 합니다. 이 핵심적인 수렴 지점은 무엇이었을까요? 그것은 데카르트로부터 우리 시대까지 프랑스 철학에서 결코 단념하지 않았던 위대하고 근본적인 기본 원리인, 주체의 문제에 이의를 제기했다는 점입니다. 정신분석학에서 시작해서, 라캉은 무의식의 이론이 주체의 이론과 (이 용어의 데카르트적 의미뿐만 아니라 현상학적 의미와도) 양립할 수 없다는 사실을 발견하고, 이러한 점을 공개적으로 분명히 했습니다. 사르트르와 뽈리체르(Georges Politzer)[8]도 무의식 이론이 주체의 철학과 양립불가능하다고 판단했기 때문에, 무의식이라는 테마를 비판함으로써 정신분석학을 거부한 적이 있지요. 이 둘의 차이는 그들이 내린 결론에만 있을 뿐입니다. 즉, 라캉은 무의식의 메커니즘에 대한 분석에서 시작하여, 이러한 양립불가능성 때문에 거부되어야만 하는 것은 바로 주체의 철학이라고 결론 내렸지요. 이어서, 레비-스트로스 역시 언어학적 발견에 기반해 이루어진 구조적 분석들을 통해서, 주체의 이론에 이의를 제기할 수 있었습니다. 또한 이러한 이의제기는 블랑쇼나 바따이

8. [옮긴이] 게오르그 뽈리체르(1903~1942)는 프랑스에서 활동한 헝가리 출신 맑스주의자이다. 그는 1928년 『심리학 기초 비판』(*Critique des fondements de la psychologie*)을 출판하였다.

유 같은 경우처럼 문학적 경험의 결과로서 이루어지기도 했지요. 알뛰세는 프랑스 맑스주의에 대한 비판을 정교화하면서, 또 다른 경로를 통해 이와 유사한 작업을 수행했습니다. 당시 프랑스 맑스주의는 현상학과 휴머니즘에 물들어 있었고, 주체를 강조하는 입장에서 소외의 이론을 이론적 기초로 삼아 맑스의 경제적 · 정치적 분석들을 철학적 용어들로 해석하고 있었지요. 알뛰세는 이러한 관점을 뒤집어 버렸습니다. 알뛰세는 맑스의 분석들로 되돌아가서, 특정한 맑스주의자들(예컨대, 로저 가로디(Roger Garaudy)[9] 같은 사람들)의 이론적 입장이 기반하고 있는 인간 본성, 주체, 소외된 인간 등등의 개념들을, 맑스의 분석이 포함하고 있는지에 대해 물었습니다. 우리는 그의 대답이 매우 부정적이었다는 것을 알고 있지요.

이러한 분석들 모두가 1960년대에는 어느 정도 "구조주의"라는 용어로 요약되었습니다. 그러나 엄격한 의미에서 구조주의 혹은 구조주의적 방법은, 훨씬 더 근본적인 것, 즉 주체의 문제를 재평가하는 것에 대한 확인이자 그러한 문제제기의 기반으로서 작동했을 뿐입니다.

---

9. 가로디는 "〈프랑스 공산당〉 중앙 위원회 위원이었다. 그러나 그는 10여 년 일찍 유로꼬뮤니스트가 되었다는 이유로 1960년대에 당에서 제명되었다."(Meaghan Morris and Paul Patteon eds., *Michel Foucault: Power, Truth, Strategy*[Sydney: Feral Publication, 1979], p. 28).

| 둣치오 뜨롬바도리 |

당신은 구조주의자라는 정의가 부적절한 꼬리표라며 거부하고 있군요. 당신은 니체에서 조르쥬 바따이유까지 이어진 계보와 "한계-경험"이라는 사상에 대해 특별히 언급하면서, "주체 중심성의 해체"라는 주제로 다시 돌아오길 원하는 것 같습니다. 그렇지만 당신의 성찰과 이론적 담론의 성숙이, 상당부분 과학철학과 인식론의 문제를 비판적으로 횡단함으로써 이루어진 것이란 사실 역시 부인하기 어렵습니다.

| 미셸 푸코 |

예, 사실입니다. 나의 지적 형성의 핵심적인 지점 중 하나는 과학과 과학사에 대한 성찰에서도 발견될 수 있습니다. 어떤 의미에서, 이 분야는 니체나 바따이유 등등에 의해 제기된 문제들로부터 꽤 먼 거리에 놓인 문제 영역이기도 합니다. 그러나 사실 [두 영역이] 얼마나 멀리 떨어져 있었을까요? 내가 학생이었을 때, 과학사와 그것이 가진 문제들은 전략적 요충지에 위치해 있었습니다. 이론적 논쟁의 거의 대부분이 과학적 지식이라는 주제를 중심으로 전개되었고, 과학적 지식이 가진 토대와 그것의 합리성, 그것의 역사 등이 검토되곤 했지요. 특히 현상학의 경우가 이러했는데, 후설 사상의 그러한 측면을 발달시킨 현상학자들은, 지식(connaissance)[10]의 객관성과 토대를 조사하는 방향으로 나아갔습니다.

그런데 이와 유사한 담론이, 해방 이후 이론적 영역과 일상생활 영역 둘 다에서 젊은 학생들과 지식인들에게 중요한 영향력을 가지고 있었던 맑스주의 진영에서 제기되었습니다. 실제로 사람들은 맑스주의가 하나의 과학이라고, 혹은 적어도 과학의 "과학성"에 대한 일반 이론이라고 주장했습니다. 즉 맑스주의는 우리로 하여금 무엇이 이데올로기이고, 무엇이 과학인지를 구분할 수 있게 해주는 일종의 이성의 법정, 다시 말해 모든 형태의 지식이 가지는 합리성을 판별해 주는 일반적 기준이라는 주장이 제기된 것입니다. 이렇게 전체적으로 혼란스러웠던 문제들과 연구 영역은, 사람들로 하여금 과학과 그것의 역사에 대해 질문하도록 만들었습니다. 현상학자들은 과학의 "역사성" 속에서 어느 정도까지 합리적이고, 절대적인 토대를 파악하고 드러낼 수 있을지에 대해 궁금해 했습니다. 한편, 맑스주의자들은 다음과 같은 질문을 던졌습니다. 사회의 역사를 맑스주의적 도식에 따라 재구성함으로써, 맑스주의가 어느 정도까지 과학의 역사, 즉, 수학, 이론 물리학 등

---

10. [옮긴이] 푸코에게서 connaissance가 어느 정도 '굳어진 지식', '지식의 구체적 집합체' 혹은 '학문 분과'에 가깝다면, savoir는 '지식 일반', '앎 전체' 혹은 '담론과 과학 사이에 존재하면서 과학을 지향하는 담론들'을 의미한다. 푸코의 savoir와 connaissance는 둘 다 영어로 knowledge로 번역되며, 한국어로는 전자는 '지식' 혹은 '앎'으로 후자는 '지식' 혹은 '인식'으로 번역되지만, 전체적으로 번역어가 통일되어 있다고 보기는 어렵다. 여기서는 기본적으로 둘 다 지식으로 번역하되, 용어 뒤에 savoir와 connaissance를 명시하는 방법을 택했다. 단, savoir의 경우에는 때에 따라서는 '앎'으로 번역했다.

등의 탄생과 발전을 설명해 낼 수 있을 것인가?

내가 간략하게 묘사한 이러한 일단의 응축된 문제들이 — 이 점에 있어서는 과학사, 현상학, 맑스주의가 모두 일치했는데 — 당시에는 완전히 중심적인 것이었습니다. 이 영역은 마치 그 시대의 다양한 문제들이 굴절하는 작은 렌즈 같은 것이었습니다. 그 곳에는 나보다 약간 더 나이가 많을 뿐이었지만 당시에 이미 교수였던 루이 알뛰세 같은 사람들이 있었고, 나는 여전히 그가 나에게 끼친 영향을 기억하고 있습니다.

| 둣치오 뜨롬바도리 |

과학사를 둘러싼 문제들은, 어떠한 방식으로 당신의 지적 형성에 영향을 미쳤습니까?

| 미셸 푸코 |

역설적이게도, 그 영향은 어느 정도는 니체, 블랑쇼, 바따이유와 같은 의미에서 이루어졌습니다. 당시의 문제는 이런 것이었습니다. 과학사가 어느 정도까지 자신의 합리성에 의문을 제기하고, 그것을 한정지을 수 있을까 혹은 어느 정도까지 외부적 요소를 도입할 수 있을까? 과학이 하나의 역사를 가지며 역사적으로 결정된 사회 속에서 발달해 간다고 할 때, 과학 속에 도입되는 우발적인 영향들은 무엇일까? 이러한 의문은 다른 질문들로 이어졌습니다. 과학에 대한 합리적인 역사를 생산할 수 있을까? 과학사에

스며든 다양한 사건들, 우연들, 그리고 어쩌면 비합리적인 요소들 가운데서 명증성의 기준이 발견될 수 있을까?

이러한 질문들이 어느 정도는 맑스주의적인 혹은 현상학적인 사유에 의해 진척된 것이라면, 나에게는 그 질문들이 약간 다른 방식으로 제기되었습니다. 내가 니체를 읽고 그에 대해 공감한 것이 정확히 이러한 지점에서 연결되었지요. 즉, 내게는 합리성의 역사뿐 아니라 진리 그 자체의 역사가 필요했습니다. 다시 말해서, 과학에게 그것의 역사가 얼마만큼 진리에 다가갔는가(혹은 그것이 진리로의 접근을 얼마나 방해했는가)를 물을 것이 아니라, 진리는 담론 혹은 지식이 그 자신과 맺고 있는 특정한 관계들로 이루어져 있다고 말하는 게 필요하지 않을까요? 그리고 이러한 관계가 그 자체로 하나의 역사가 되거나 하나의 역사를 가지게 되는 것 아니겠습니까?

내가 보기에 니체의 가장 매혹적인 점은, 그에게는 과학, 실천, 담론의 합리성이, 그것들이 생산할 수 있는 진리에 의해 측정되는 것이 아니라는 점입니다. 오히려 진리 그 자체는 담론의 역사에서 하나의 역할을 가지고 있으며, 어떤 형태로든 담론과 실천에 내부적인 영향을 끼치고 있습니다.

| 둣치오 뜨롬바도리 |

니체의 "진리의 역사"에 대한 서술과 "이론적 인간"(l'homme thé

-orique)의 한계에 대한 저작은 확실히 고전적 인식론의 지평과 비교해 볼 때, 하나의 관점의 전환을 보여주고 있기는 합니다.[11] 어떤 의미에서 그는 근본적인 "인식의 비-진리"에 대해 주장하면서 고전적 인식론의 전제들을 무(無)로 환원시켰으니까요. 그러나 나는 어떻게 당신이 과학의 기원에 대한 분석을 "한계-경험" 혹은 변환으로서의 경험에 대한 분석과 연결시키게 됐는지에 대해 알고 싶군요.

| 미셸 푸코 |

나는 문제를 이런 식으로 제기했습니다. 과학은 경험으로서 이해되거나 분석될 수는 없을까? 즉, 과학은 그 경험을 통해 주체가 변경되는, 하나의 특정한 관계로서 이해되거나 분석될 수는 없을까? 다시 말해, 과학적 실천 속에서 지식의 대상뿐만 아니라, 과학의 이상적인 주체 역시 구성되는 것이 아닐까? 그리고 하나의 과학의 역사적 기원은, 주체와 대상 간의 이러한 상호적 발생 속

11. [옮긴이] 니체는 『비극의 탄생』에서 소크라테스를 기점으로 한 이론적 인간의 탄생을 묘사한다. 니체에 따르면, 소크라테스주의는 삶과 죽음의 통일에 대한 신화적인 지혜를 추방하고, 모든 것을 생각할 수 있는 것, 논리적인 것, 합리적인 것으로 바꿔 놓으려 했다. 이를 통해 탄생한 이론적 인간은 디오니소스적 정신과 싸움하며, 형이상학적 위안 대신에 현세적 조화를 꾀하고, 지식에 의한 세계의 교정과 학문에 의해 인도된 삶을 믿는다. 니체는 근대 문화가 이러한 이론적 인간을 이상적으로 여기고 있음을 비판하면서, 이론적 인간에게 중요시되는 과학적 언어와 합리성의 개념이 허구적인 것임을 지적하고 있다.

에서 찾을 수 있지 않을까? 이러한 방식으로 생산되는 진리-효과는 무엇일까? 이러한 질문의 답은, "정해진" 단 하나의 진리는 존재하지 않는다는 것이었습니다. 이러한 주장이 역사가 비합리적이란 것을 의미하지는 않으며, 과학이 허구라고 이야기하는 것은 더더군다나 아닙니다. 오히려 그것은 앎의 주체와 앎의 대상 모두가 구성되는 과정 속에서, 일련의 집단적인 이성적 경험들(일단의 꽤 정확하고 확인할 수 있는 규칙들에 상응하는 경험들)이 존재함을, 그리고 실재적이고 명증한 역사가 존재함을 승인하는 것입니다.

그러므로 내가 보기엔 과학사 속에서 이러한 형성과정을 이해하는 최고의 방법은, 상대적으로 최근에 구성되었고 몇 가지 면에서 그것의 기원과 직접적인 긴급성에 보다 더 긴밀하게 연결되어 있는, 아직 덜 굳어진 과학 속에서 [주체와 대상이 상호 구성하는] 과정을 조사하는 것이었습니다. 다시 말해 과학적인 특성이 가장 불명확한 과학, 합리성의 장에 가장 부적합한 것들을 이해하고자 하는 과학을 조사할 필요가 있었단 것이지요. 광기가 바로 그런 경우였습니다. 서양 세계에서 광기가 어떠한 방식으로 과학적 조사와 분석의 명확한 대상이 되었는가를 이해하는 것은 중요한 문제였습니다. 비록 그 전에도 짤막한 장(章)을 통해 "정신의 질병"과 관련된 문제들을 다룬 의학적 연구들이 있기는 했습니다만, 이러한 현상은 18세기에 들어서야 비로소 시작된 것이었습니다. 이를 통해, 이 대상 즉 "광기"가 구체화되는 바로 그 시기에, 광기를 이해할 수 있다고 판단되는 주체 역시 구축된다는 사실을 입증할 수 있었습니다. 객체로서의 광기를 구축하기 위해서는, 이에 상응해 광기에 대해 "알고" 이해할 수 있는 합리적인 주체가 존재해야 했습니다. 16세기에서 19세기까지 이루어진 이러한 경험은, 광기를 "알고" 인식할 수 있는 "합리적" 인간의 탄생과, 이해되고 결정될 수 있는 대상으로서의 광기의 탄생 간의 상호작용을 포함하고 있다고 말할 수 있지요. 『광기의 역사』에서 나는 이러한 종류의 집합적이면서 다원적인 경험을 이해하고자 했던 것입니다.

| 둣치오 뜨롬바도리 |

이성과 비-이성 간의 분리와 대립을 결정하는 "최초의 행동"(geste originaire)은, (당신이 분석한 서양 문화의 운명에 대한 결론과 함께) 역사적 발전 혹은 근대 이성의 역사가 가지는 핵심적인 예비 조건처럼 보이는군요. 그런데 역사의 가능성을 열어젖히는 이러한 한계-경험이, 역사 그 자체의 외부에서 즉 시간을 넘어선(a-temporelle) 차원에서 구성되지는 않습니까?

| 미셸 푸코 |

나는 내 작업이 — 이건 말할 필요도 없지만 — 광기에 대한 "옹호"로 이루어진 것도 아니고, 비합리적인 역사에 대한 긍정으로 이루어진 것도 아니라는 점을 보여주기 위해 노력해 왔습니다. 오히려 나

는—광기를 대상으로 구성하고, 그것을 이해할 수 있는 주체 역시 구성하는—그러한 경험이, 특수한 규범화 사회(société normalisatrice)의 탄생이라는 잘 알려진 역사적 과정과 결합되어 이해될 때에만 완전하게 이해될 수 있음을 보여주고 싶었습니다. 감금의 실행과 연결되어 있는 이러한 규범화 사회의 탄생은, 한편으로 자본주의의 성장과 도시화에 따라 발생한 특유한 사회·경제적 상황 그리고 경제와 국가 등의 욕구와 갈등을 빚기 시작한 인구의 변동과 산재(散在)의 문제와도 연관을 가지고 있습니다.

이런 식으로 나는 지식(savoir)의 구성에 관해서, 객관성(objectivité)이라는 새로운 관계에 관해서, 그리고 내가 "광기의 진실"(vérité de la folie)이라고 정의한 것에 관해서 가능한 한 합리적인 역사를 생산하고자 노력했던 것입니다. 물론 이것은 사람들이 이러한 종류의 "지식"에 의해서, 광기를 그것의 진리 속에서 드러나게 하는 효과적으로 조직된 기준을 가지게 되었다는 사실을 말하고자 하는 게 아닙니다. 아니, 오히려 사람들은, 효과적인 지식(conssance)의 가능성 그리고 이와 상호작용하는 주체의 정교화 가능성을 가진 "광기의 진실"이라는 하나의 경험을 조직해 왔습니다.

| 둣치오 뜨롬바도리 |

잠시 논의를 되돌아보죠. 당신의 지적 발전을 특히 인식론적 문제와 관련하여 재구축하면서, 당신은 가스통 바슐라르(Gaston

Bachelard)를 한 번도 언급하지 않았습니다. 그러나 그 자신의 분석 대상을 "구축할" 수 있는 과학적 "실천"의 우월성에 기반한 바슐라르의 "합리적 유물론"(matérialisme rationnel)은, (내가 틀리지 않다면) 몇 가지 점에서 당신이 발전시킨 연구 방향의 배경을 이룬다고 말할 수 있을 것 같습니다. 그렇지 않습니까?

| 미셸 푸코 |
나는 직접적으로 바슐라르에게서 배운 적은 없습니다만, 그의 책들을 많이 읽었습니다. 과학 이론의 불연속성에 대한 그의 성찰 속에서, 그리고 이성이 분석 대상을 구성하는 순간에 그 자신에 대해 작용한다는 생각 속에서, 나는 일련의 요소들을 끄집어내 다시 사용했지요. 그러나 과학철학 분야에서 나에게 가장 큰 영향을 미친 사람은, — 비록 훨씬 나중의 일이긴 하지만 — 조르쥬 깡길렘(Georges Canguilhem)[12]이었습니다. 그는 특히 생명 과학의

---

12. [옮긴이] 조르쥬 깡길렘(1904~1995)은, 의학사, 생물학사와 과학사 전반의 연구에 많은 업적을 남겼다. 특히 '정상적인 것'(the normal)과 '병리적인 것'(the pathological)의 개념에 대한 그의 연구는, 푸코 사상의 기본적 문제설정에 지대한 영향을 주었다. 한편, 푸코는 깡길렘의 주저 『정상적인 것과 병리적인 것』(여인석 옮김, 인간사랑, 1996)에 서문을 쓰기도 했는데, 여기서 푸코는 깡길렘이 설정한 문제의 중심에 생명 과정에서 나타나는 실수(erreur)가 놓여 있다고 서술하면서, 이러한 실수는 인간의 사유와 인간의 역사를 만드는 존재의 뿌리에 존재한다고 주장하였다. 이러한 실수에 대한 강조를, 위반과 한계-경험에 대한 푸코의 강조와 연결해서 이해할 수도 있을 것이다.

문제들을 철저히 파고든 사람이었습니다. 이를 통해, 그는 이러한 경험 속에서 문제시되는 것이 어째서 살아 있는 존재로서의 인간 그 자체가 되는지를 보여주고자 노력했습니다.

인간은 생명 과학의 구성을 통해서 특정한 종류의 지식(savoir)을 창설하는 한편, 살아 있는 개체로서 그 자신을 변화시켜 나갔습니다. 인간이 합리적 주체가 되고 이를 통해 자기 자신에 대해 조절할 수 있고, 그 자신의 삶의 조건과 그의 삶 자체를 바꿀 수 있다는 사실 때문에, 인간은 인류의 일반 역사에 생명 과학을 포함시키려는 시도에 다름 아닌 생물학을 구축하였습니다. 이것은 (내가 보기엔) 니체와의 유사성을 스스로 인식하고 있었던 깡길렘에게 있어 매우 중요한 고찰입니다. 그리고 이러한 점이 (비록 역설적이긴 합니다만) 우리가 니체라는 인물 주변에서, "한계-경험"에 관한 담론과 지식(savoir)의 구성에 의한 주체 그 자체의 변환에 대한 담론 사이의 유사성과 교차점을 발견할 수 있는 이유이지요.

| 둣치오 뜨롬바도리 |

당신이 보기엔, 어떤 의미에서 "이성"의 정교화에 선행한다고 할 수 있는 "한계-경험"과 문화적 지평의 역사적 한계를 결정한다고 여겨지는 "앎"(savoir) 간의 관계가 어떻게 설립할 수 있습니까?

내가 "앎"(savoir)이라는 말을 사용하는 것은, 그것을 지식(connaissnace)과 구분하기 위해서입니다. 전자는 주체가 그 자신이 알고 있는 것들로 인해, 아니 차라리 알기 위해 행한 노동에 의해 변경되고 있는 과정입니다. 그것은 주체의 변경과 대상의 구성을 가능케 하는 것이지요. 그러나 지식(connaissance)은 알 수 있는 대상들을 증식시키고 그것들이 가진 명증성을 발전시키며 그것들의 합리성을 이해하게 만드는 과정으로서, 그 연구를 수행하는 주체는 항상 똑같이 남아 있습니다.

나는 이러한 구별을 "앎의 고고학"이라는 나의 생각을 더 잘 설명하기 위한 전제로서 사용해 왔습니다. 여기서 문제는 역사적 기원 속에서 지식(connaissance)의 구성, 다시 말해 확고한 주체와 확고한 대상 영역 간의 관계의 구성에 대해 이해하는 것, 즉 그 구성을 가능하게 하는 "앎(savoir)의 운동" 속에서 지식(connaissance) 의 구성에 관해 이해하는 것입니다. 지금까지 내가 해왔던 모든 것들은, 본질적으로 서구 사람들이 가졌던 이러한 경험들의 방식들을 살피는 것이었습니다. 즉, 명확하고 대상화된 일련의 사물들을 알아가는 것과 동시에, 스스로를 고정되고 확정된 조건 속에 놓인 주체로 구성하게 되는 그러한 경험들 말이지요. 예를 들자면, 합리적 주체로 구성됨으로써 광기에 대해 아는 것, 노동하는 주체로 구성됨으로써 경제학에 대해 아는 것, 법과 관련하여 범죄를 저지를 수 있는 주체로 구성됨으로써 법에 대해 아는 것 등등의 경험을 이야기할 수 있을 것입니다. 그러므로 자신의 "지식"(savoir)의 대상 속에는 주체 자신이 항상 연루되어 있습니다. 특히 이러한 자각에서 시작해서, 나는 어떻게 인간이 그의 한계-경험들을 지식(connaissance)의 대상(광기, 죽음, 범죄 등)으로 환원하는가에 대해 이해하려고 노력했습니다. 당신이 원한다면, 여기에서 조르쥬 바따이유의 테마가, 서구와 그것의 지식(savoir)의 관점에서 그리고 집합적 역사의 관점에서 다시 고찰된다거나, 인식된다고 말할 수 있을 것입니다.

나는 한계-경험과 진리의 역사 간의 관계라는, 이 복잡하게 얽혀 있는 문제에 갇힌 채 꽁꽁 묶여 있다고 말할 수 있습니다. [하지만] 나는 이 복잡한 문제를 내 인생의 특정한 일화들과 함께 풀어나감으로써 더 잘 이해할 수 있었습니다. 그러므로 내가 말하는 것이 어떤 객관적인 가치를 가진 것은 아닙니다. 다만, 그것은 내가 해명하려고 노력했던 문제들과 그 문제들의 지속을 명확히 하는 데 아마도 도움이 될 것입니다.

| 둣치오 뜨롬바도리 |

당신의 지적 형성에 도움을 준 문화적 요소에 대해, 마지막으로 한마디만 하지요. 나는 "현상학적 인류학"에 대해, 그리고 현상학과 정신분석학을 결합시키려 했던 당신의 시도에 대해 물어보고 싶습니다.

당신의 첫 출판작(1954년이었죠)은 빈스방거(Ludwig Binswanger)[13]의 『꿈과 실존』(*Traum und Existenz*)의 서문이었습니다.[14] 그 서문에서 당신은 "인간"을 구성하는 "본원적 공간"(espace originel)으로서의 꿈 혹은 상상이라는 생각에 동의했었지요.

| 미셸 푸코 |

내가 정신 병동에서 일하면서 의학적 시선(regard)[15]의 전통적인 격자(grilles)를 상쇄할 만한 다른 어떤 것을 찾고 있을 동안에, "실존적 분석" 혹은 "현상학적 정신의학"이라 불렸던 책들을 읽은 것이 내게 많은 도움을 주었습니다. 특히 "비길 데 없이 독특한 경험으로서의 광기"라는 탁월한 묘사는, 매우 중요한 것이었지요. 한편으로, 나는 랭 역시 이러한 생각들에 깊은 영향을 받았다고

---

13. [옮긴이] 루드비히 빈스방거(1881~1966)는 실존주의 심리학의 창시자로 여겨진다. 그는 꿈을 무의식을 이해하는 왕도이자, 환자에게 자신의 삶을 지배하고 있다는 느낌을 회복시켜 환자들이 다시 실제 세계에서 효과적인 역할을 수행할 수 있도록 돕는 수단으로 보았다. 푸코는 『꿈과 실존』의 서문에서 이러한 주장에서 좀더 나아가 꿈이 세계의 시초이며, 존재 자체의 기원이라고 주장했다.
14. 루드비히 빈스방거의 『꿈과 실존』은 자끌린 베르도(Jacqueline Verdeaux)에 의해 번역되었고, 푸코가 그 서문을 썼다. *Le rêve et l'existence*(Paris:Desclée de Brouwer, 1954)을 보라.
15. *The Birth of the Clinic: An Archeology of Medical Perception*(New York: Random House-Vintage, 1975)[한국어판: 『임상 의학의 탄생』, 홍성민 옮김, 나남, 1993]의 A.M.Sheridan Smith의 예를 따라 régard를 gaze로 번역했다.[한국어로는, '시선'이라 번역했다.-옮긴이]

생각합니다. 그도 오랫동안 실존적 분석에 대해 언급했었지요. (내가 하이데거적이었다면, 그는 좀더 사르트르적이었습니다.) 그러나 우리는 거기에 그치지 않았습니다. 랭은 의사라는 그의 직업과 관련해서 거대한 연구를 발전시켰고, 쿠퍼(David Cooper)와 함께 반-정신의학의 진정한 창시자가 되었습니다. 반면에, 나는 비판적인 역사적 분석만을 수행했습니다. 그러나 실존적 분석은, 학술적인 정신의학적 지식(savoir)이 가진 번거롭고 억압적인 성격을 더 잘 이해하고 그것의 한계를 깨닫는 데 있어서, 우리 둘 모두에게 도움이 되었습니다.

| 둣치오 뜨롬바도리 |

그렇다면, 당신은 라캉의 주장은 어느 정도까지 수용했습니까?

| 미셸 푸코 |

나는 그의 작업을 접할 수 있었고, 그가 어느 정도 내게 영향을 준 것은 확실합니다. 그러나 내가 그에게 푹 빠졌다고 할 수 있을 정도로, 그를 추종하지는 않았지요. 나는 그의 책 몇 권을 읽었습니다. 하지만 잘 알려져 있다시피 라캉을 잘 이해하기 위해서는 그를 읽는 것만으로는 부족하고, 그의 강연을 듣거나 그가 행하는 세미나에 참여하고, 가능하다면 그와 함께 분석을 행할 필요가 있습니다. 나는 이러한 것들 중 아무것도 하지 않았지요. 1955

년에 라캉이 그의 수업의 핵심적인 부분을 시작할 때, 나는 이미 프랑스를 떠나 있었습니다.

| 둣치오 뜨롬바도리 |

당신은 외국에서 오래 살았나요?

| 미셸 푸코 |

예. 꽤 많은 세월을 외국에서 보냈지요. 나는 웁살라(Uppsala), 바르샤바(Warsaw), 함부르크(Hamburg) 등지의 대학에서 강사나 조교수로 일했습니다. 무엇보다도 알제리 전쟁이라는, 프랑스에게 있어 중요했던 사건이 발생한 시기에, 나는 외국에 있었습니다. 그 사건이 프랑스의 지적 세계와 문화 전반에 매우 중요한 영향을 끼치고 있는 동안에, 나는 그 사건을 어느 정도 외국인처럼 경험할 수밖에 없었지요. 게다가 외국인처럼 그 사건을 바라보았기 때문에, 나는 좀더 쉽게 전쟁의 불합리성을 이해할 수 있었고 그 전쟁의 필연적인 결론이 어떻게 될지에 대해 더 잘 알 수 있었습니다. 물론, 저는 그 전쟁에 대해 반대했지요. 그러나 외국에 있었기 때문에 프랑스에서 벌어졌던 일들을 직접 경험하지 못하면서, 나는 현대 프랑스의 가장 결정적인 경험 중 하나에 개인적으로 참여하지는 못했습니다.

내가 프랑스에 돌아왔을 때, 나는 막 『광기의 역사』를 끝마친

후였습니다. 그리고 그 책은 연구 계획들의 종합적 결과였을 뿐 아니라, 어떤 의미에서 내가 그 당시 겪었던 직접적인 경험들을 반영하는 저작이었습니다. 나는 미묘하고 인위적인 메커니즘에 따라 모든 사회적 위험들이 완화된, "과잉-의료화되어 있는" 보호 사회인 스웨덴을 경험했습니다. 그리고 폴란드에서는 전혀 다른 유형의 "수용"의 메커니즘을 경험했지요. 이렇게 두 가지 다른 형태의 사회를 구체적으로 경험한 것은, 매우 중요한 것이었습니다. 그러나 이러한 경험들은 당시의 프랑스와는 전혀 다른 파장 속에 존재하는 것이었지요. 당시 프랑스는 전쟁의 분위기에 그리고 역사의 한 시기, 즉 식민지 시기의 종결을 가져왔던 각종 문제들에 휩싸여 있었습니다. 이렇듯 『광기의 역사』는 프랑스 현실로부터의 특이한 이탈의 산물이었고, 블랑쇼나 클로소프스키 그리고 바르뜨 같은 사람들만 이 책에 즉각적인 호의적 반응을 보냈습니다. 의사들과 정신의학자들 사이에서는 다양한 반응들이 있었는데, 자유주의적이거나 맑스주의적 지향을 가진 사람들의 일부분은 일정한 관심을 보였지만, 한편으로 좀더 보수적인 사람들은 이 책을 완전히 거부했지요. 그러나 내가 이미 말했다시피, 전체적으로 내 책은 심각하게 받아들여지지는 않았습니다. 무관심과 침묵이 주된 반응이었지요. 이런 종류의 연구는 거의 중요하지 않다고 간주되었습니다.

| 둣치오 뜨롬바도리 |

당신은 그러한 태도에 대해 어떻게 반응했나요? 조금 시간이 흐른 후에는, 그 책의 테제에 동의하지 않는 사람들조차도, 『광기의 역사』가 상당한 중요성을 가진 저작이라는 것을 깨달았습니다. 그렇다면 이 책에 대한 초기의 무관심에 가까운 반응을 어떻게 설명할 수 있을까요?

| 미셸 푸코 |

이러한 반응에 내가 좀 놀랬었다고 고백해야겠네요. 그러나 내가 잘못 생각했던 것이었습니다. 당시 프랑스의 지식인 서클은 완전히 다른 종류의 관심사에 빠져 있었습니다. 맑스주의나 과학, 이데올로기 같은 주제들이 많이 논의되었지요. 『광기의 역사』가 달갑게 받아들여지지 않았던 것은 다음과 같은 이유로 설명될 수 있을 것 같습니다. 첫째로, 그 책은 역사적 연구였습니다. 그런데 당시에는 이론과 거대한 개념적 체계에 관한 논의가 지배적인 관심을 끌고 있었지요. 둘째로, 정신의학이나 정신병리학 같은 영역은 당시 진행중이던 논쟁의 복잡성에 비해 부차적인 것으로 간주되었습니다. 그리고 무엇보다도 광기와 정신병 자체가 사회의 주변부에 위치한 것들을 대표하는 주제 아니겠습니까? 나는 어느 정도 이러한 요인들이 그 책을 둘러싼 무관심과 침묵의 원인이라고 믿고 있습니다. 다시 말하지만, 나는 이러한 반응에 놀랐고 실

망했습니다. 나는 내 작업이, 사회적 · 정치적 체계의 분석에 열중하는 지식인들이 관심을 가져야만 하는 사실들을 담고 있다고 생각했거든요. 나는 정신의학이라는 담론의 형성과 기원을 명확한 역사적 상황 속에서 이해하고자 했습니다. 그래서 나는 정신의학을 그것이 가진 사회적 · 경제적 기능 속에서 설명하기 위해, 생산양식의 변화에서 시작하여 정신의학의 역사를 생산하고자 노력했지요. [자본주의로의] 생산양식의 변화는 빈곤과 역병의 문제를 일반화했을 뿐 아니라, "빈자"와 "병자" 같은 분리된 범주 간의 차이 같은 문제를 만들어내는 방식으로 인구(population)에 영향을 미쳤습니다. 나는 이 모든 것들이 다른 사람들은 몰라도, 맑스주의자들의 관심은 끌 수 있을 거라고 확신했습니다. 그러나 단지 침묵만이 있을 뿐이었지요.

| 둣치오 뜨롬바도리 |

당신이 보기엔, 당신의 연구가 다시 주목을 받고 우리가 알고 있는 격렬한 논쟁까지 발발시킨 이유가 무엇인 것 같습니까?

| 미셸 푸코 |

아마도 그 이유는, 이러한 현상이 나타났던 역사를 돌이켜봄으로써 알 수 있을 것 같습니다. 이 책에 대한 반응과 태도가 변해서 과격해졌던 것은, 1968년에 발생한 사건들의 최초 징후들이 명확

해지고 있을 당시, 즉 1968년 직전이었습니다.

무슨 일이 일어났을까요? 광기, 감금 체계, 사회의 규준화 과정 등과 관련된 문제들이 누구나 좋아하는 달콤한 크림 파이 같은 것이 되었습니다. 특히 극좌파 서클들에서는 더더욱 그랬지요. 반면에 막 등장하던 이러한 현상들로부터 거리를 둘 필요가 있다고 생각한 모든 사람들은, 내 책을 표적으로 삼았습니다. 그들은 내 책이 관념적이며 문제의 핵심을 짚어내지 못했다고 주장했습니다. 프랑스의 매우 중요한 정신의학자 서클인 〈정신의학의 진화〉(Evolution psychiatrique)가, 뚤루즈에서의 전체 회의를 『광기의 역사』를 파문시키는 데 바치기로 결심했을 때, 이러한 경향은 정점에 달했지요.[16] 보나뻬(Lucien Bonafé)는 『광기의 역사』가 처음 나왔을 때 내 작업에 흥미를 가지고 환영한 맑스주의적 정신의학자였는데, 1968년 이후로는 그것이 이데올로기적이고 왜곡된 저작이라고 비판하더군요. 이와 같이, 특정한 주제들에 대한 관심이 부활하고 이에 대한 논쟁들이 나타나면서, 『광기의 역사』는 다시금 뉴스거리가 되었습니다.

---

16. 이 모임에서 진행된 논의들은 다음 자료에서 찾을 수 있다. *La conception idéologique de* L'histoire de la folie *de Michel Foucault: Journées Annuelles de* L'évolution psychiatrique *6 et 7 décembre 1969, in L'évolution psychiatrique: cahiers de psychologie clinique et de psychopathologie générale* 36, no. 2(1971).

| 둣치오 뜨롬바도리 |

당신 담론의 재평가가, 정신의학 서클에 미친 영향은 무엇입니까? 그 시기는 견고한 문화적 평형상태에 대한 문제제기와 함께, 전통적인 정신의학에 반대하는 운동 전반이 힘을 얻어갈 때였는데요.

| 미셸 푸코 |

프랑스 정신의학의 역사와 조건 그리고 문제들은, 고찰할 만한 가치가 있는 흥미로운 면들을 가지고 있습니다. 사실 전쟁 직후에, 전통적인 정신의학의 실천을 재평가하려는 경향이 이 곳 프랑스에서 나타났었습니다. 그것은 의학 서클 내부의 자발적인 욕구에서 시작된 것이었고, 정신의학의 기능에 대한 연구, 분석, 성찰, 기획들에 관해 논의가 이루어졌지요. 이러한 선견지명을 가지고, 1950년대 초반에 프랑스에서 반-정신의학이라 불리는 운동이 나타날 수도 있었을 겁니다. 이러한 운동이 발생하지 않은 것은, 내 생각엔 다음과 같은 이유들 때문인 것 같습니다. 첫째, 그러한 정신의학자들 상당수가, 비록 실제로 맑스주의자는 아니었더라도, 맑스주의와 매우 긴밀한 관계를 맺고 있었습니다. 그리고 이러한 이유로 인해 그들은, 빠블로프(Pavlov) 이래로 소련에서 벌어지는 일들에 대해 (즉, 조건 반사에 대해, "유물론적" 정신의학에 대해, 그리고 확실히 그들을 좀더 나아가게 할 수 없었던 이론적이고 과학적인 문제들 전반에 대해) 자신들의 관심을 집중하게 되었지

요. 적어도 그들 중의 한 명은 소련에 공부하러 가기도 했습니다만, 그가 돌아온 이후에 그 경험에 대해 이야기하거나 집필한 적이 있는지는 잘 모르겠군요. 이러한 점에서 볼 때, 내가 보기엔 — 시비를 걸려는 것은 아닙니다만 — 맑스주의적 분위기는 점차 그들을 막다른 골목으로 몰고 갔던 것 같습니다. 둘째로, 내 생각엔 그들 중 많은 이들이 — 정신의학자라는 그들의 직업 때문에, 그들 대부분은 공무원이었는데 — 얼마 지나지 않아 정신의학의 문제를 관료적 · 직능 조합적 관점에서 바라보게 되었던 것 같습니다. 이러한 난점들로 인해, 자신들의 능력과 관심, 지식 등을 통해 정신의학과 관련된 전체적인 문제들을 다룰 수 있었던 사람들이, 점차 막다른 골목에 다다르게 되었던 거지요. 그리고 1960년대 "반-정신의학"운동이 폭발하자, 그들의 거부 반응은 점점 더 명확하고 공격적인 형태를 취했습니다. 내 책이 마치 "악마의 복음서"처럼, "금서 목록"에 올랐던 것은 바로 그 때였지요. 나는 여전히 어떤 상황에서는, 『광기의 역사』가 엄청난 반발과 함께 논의되고 있다는 사실을 알고 있습니다.

3장

'그러나 구조주의는 프랑스의 발명품이 아니었다'

| 둣치오 뜨롬바도리 |

당신의 저작들로 촉발된 논쟁들을 되돌아보자니, 1960년대 "구조주의"를 둘러싼 열띤 논란에 뒤이어 발생한 논쟁들이 생각나는군요. 그 시절에는 당신에 대한 격렬한 논쟁과 거친 발언들이 끊이지 않았습니다. 예를 들어, 사르트르의 편에서 당신에 대한 비난이 제기됐지요. 그러나 나는 당신 사상에 대한 다른 비판들에 대해서도 이야기해 주고 싶습니다. 예컨대 가로디는 당신의 사상을 "추상적 구조주의"라고 일컬었고, 장 삐아제(Jean Piaget)는 "구조 없는 구조주의"라고 이야기했습니다. 그 외에, 마이크 뒤프렌느(Mike Dufrenne)는 "신-실증주의", 앙리 르페브르(Henry Lefevre)는 "신-엘레아학파"(néoéléatisme)[1], 실비 르 봉(Sylvie Le Bon)은

"절망적 실증주의", 미셸 아모아(Michel Amoit)는 "문화적 상대주의" 혹은 "역사주의적 회의주의"라고 당신을 비판했지요. 당신의 『말과 사물』(1966)이 출간될 즈음해서, 일단의 언급들과 심지어 서로 정반대의 어휘들이 당신의 테제에 대한 비판으로 모아지기 시작했습니다. 하지만 프랑스의 이렇게 뜨거웠던 문화적 상황은, 아마도 구조주의와 관련하여 이루어진 더 광범위한 논쟁에서 기인했던 것 같은데요, 오늘날 당신은 이러한 비판들에 대해서 어떻게 생각하고 있습니까, 그리고 좀더 일반화해서 그 당시 논쟁들의 진정한 중요성은 무엇이었다고 생각하는지요?

| 미셸 푸코 |

이 구조주의라는 문제는 풀기 어려운 문제입니다. 그러나 우리가 이 문제를 어떻게든 풀어보려고 한다면, 매우 흥미로울 것 같긴 하군요. 일련의 격앙된 논쟁들은 잠시 제쳐두지요. 그 격앙된 논쟁들은, 프랑스에서의 그러한 논쟁들에 종종 뒤따르는 연극적인 특징과 때로는 기괴해 보이는 형태를 지니고 있었습니다. 나는 사르트르의 아주 잘 알려진 발언을 나에 대한 비판 목록의 제일

1. [옮긴이] 엘레아학파는, 기원전 5세기경 융성했던 그리스 철학 사조 중 하나로서, 급진적 일원론으로 유명하다. 이들은 우리가 인식하는 모든 차이와 운동, 변화는 환상에 불과하다는 이유로 변증법에 반대하였다. 르페브르의 이 같은 비판은, 그가 헤겔 변증법의 옹호자이자 맑스주의자였던 것을 생각하면 쉽게 이해할 수 있다.

꼭대기에 놓고 싶군요. 그는 나를 "부르주아지의 최후의 보루"라고 지칭했습니다. 불쌍한 부르주아지! 그들이 "보루"로서 나를 필요로 할 정도였다면, 그들은 이미 오래전에 권력을 잃었을 텐데 말이죠!

그러나 여기서 우리는 대체 어떻게 이 구조주의라는 현상이, 누군가가 그런 터무니없는 말을 할 정도로 극심한 분노를 불러일으킬 수 있었는지에 대해 생각해 볼 필요가 있습니다. 진지하고 합리적이었던 누군가가 자제력을 잃었을 때, 우리는 잠시 멈춰 서서 무엇이 그 일의 원인이었는지에 대해 생각해 봐야만 하지요. 나 자신은 종종 이러한 점에 대해 의문을 품었고, 얼마나 정확한 지는 잘 모르겠지만, 일련의 가설들을 정식화할 수 있었습니다. 우선, 한 가지 관찰로부터 시작해 보도록 하지요. 1960년대 중반 구조주의에 관한 논쟁 막바지에, 완전히 다른 종류의 연구를 수행하고 있던 지식인들이 "구조주의자"로 함께 묶여 정의되었습니다. 이들의 연구에는 다만 한 가지 공통점만 있었는데, 그것은 "주체의 우월성"을 이론적으로 확인하는 데 핵심적으로 집중하는 일단의 철학적 정교화나 사고들, 분석들에 대해 반대하고자 했다는 것이었지요. "주체의 우월성"에 대한 확신은, 소외의 개념을 유지하려 애썼던 맑스주의 조류로부터, 살아온 경험에 초점을 맞춘 현상학적 실존주의, 그리고 경험을 인간에게 정합적인 것—"자아의 경험"(expérience de soi)이라고 해두죠—으로 만들겠다는 명목하에 무의식의 테마를 거부했던 심리학 조류들에까지 널리 퍼져 있었습니다. "구조주의자들"이 그것들 모두에 반대하려 했었던 것은 사실이고, 구조주의자들에 대한 격앙된 논박은 이러한 사실로부터 설명될 수도 있을 것입니다.

그러나 나는 이러한 모든 난투극 뒤에는, 좀더 심오한 것, 즉 당시에는 그다지 고려되지 않았던 하나의 역사가 존재한다고 생각합니다. 사실 구조주의 그 자체는 확실히 1960년대의 "구조주의자들"이 발견한 것도 아니고, 심지어 프랑스의 발명품도 아닙니다. 그것의 진정한 기원은, 1920년대 경 소련과 중부 유럽에서 이루어졌던 전반적인 연구들 속에서 찾을 수 있습니다. 1917년 러시아 혁명에 선행해서 혹은 어떤 면에서는 그것과 부합해 이루어졌던 언어학 · 신화학 · 민속학 등등에서의 이 위대한 문화적 팽창은, 이후 "스딸린주의의 불도저"에 의해 분쇄되고 일소되어 버렸지요. 그 이후 구조주의적 문화는, 어쨌든 거의 알려지지 않았던 다소 비공식적인 통로를 통해 결국에는 프랑스에 퍼지게 되었습니다. 트루베츠코이(Nikolai Sergeevich Trubetskoi)[2]의 음성학을, 그리고 뒤메질(Georges Dumézil)[3]과 레비-스트로스 등에 대한 프롭

2. [옮긴이] 트루베츠코이(1890~1938)는 러시아의 언어학자로 음운론 연구와 그 원리의 확립에 공헌하였다. 음소가 음운론적 체계를 떠나서는 분석될 수 없으며, 음소를 정의하는 것은 음운론적 체계 내에서 위상을 정해 주는 일이라는 그의 주장은, 언어에 대한 구조주의적 이해에 영향을 미쳤다.

3. [옮긴이] 조르쥬 뒤메질(1898~1986)은, 인도-유럽 사회의 종교와 사회에 대한 분석

(Vladimir Propp)[4]의 영향을 생각해 보십시오. 그래서 내가 보기에, 특정한 프랑스 맑스주의자들이 1960년대 "구조주의자"들에 반대하면서 취했던 공격성 속에는 일종의 역사적 지식 — 즉, 구조주의가 스딸린주의의 거대한 문화적 반대자였고, 맑스주의가 다룰 수 없었던 하나의 가능성이었다는 사실에 관한 지식 — 이 담겨져 있었던 것 같습니다. 당신이 내 말에 동의할지는 잘 모르겠군요.

| 둣치오 뜨롬바도리 |

내가 보기엔, 당신은 지금 특정한 이론적 흐름을 "희생자"로 만듦으로써 그것을 특권화하고 있습니다. 당신이 "스딸린주의의 불도저"라고 부른 것에 쓸려 나간 것은 구조주의만이 아닙니다. 10월 혁명을 움직였던 문화적·이데올로기적 표현과 경향들 전체가 스딸린주의에 의해 파괴됐지요. 나는 이들 사이에 명확한 구분이

으로 유명한 비교문헌학자이다. 그는 인도-유럽 사회의 모든 종교와 신화에는, 승려-전사-생산자라는 세 모델이 존재한다는 '삼분 이데올로기'를 주장하였다. 즉, 그에 따르면 모든 인도-유럽 신화에는 우주의 왕으로 군림하는 제 1기능의 신과 악마적 현상과 싸우는 제 2기능의 신, 생식이나 건강을 관장하는 제 3기능의 신이 존재한다는 것이다. 이러한 뒤메질의 신화학은 구조주의적 사유에 큰 영향을 미쳤으며, 뒤메질 개인은 푸코와 스웨덴의 웁살라대학에서 처음 만나 이후 평생토록 친밀한 관계를 유지하였다.

4. [옮긴이] 블라디미르 프롭(1895~1970)은, 러시아의 구조주의 학자로서 러시아 민담의 기본 구성 요소들에 대해 분석하였다. 민담을 각각의 기능을 갖는 여러 요소들로 분해하는 분석 방법을 통해 그는 서사 구조의 유형학을 확립할 수 있었으며, 레비-스트로스와 롤랑 바르트 등에게 큰 영향을 주었다.

있을 수 있다고 생각하지 않습니다. 예를 들어, 맑스주의 역시 그것의 비판적 유연성과 개방성이 파괴된 채 일종의 교리문답으로 환원되었지요.

| 미셸 푸코 |

그렇긴 합니다만, 다음과 같은 이상한 점들은 설명될 필요가 있습니다. 어째서 구조주의 같은 특정한 현상이, 1960년대에 그토록 많은 적대들을 불러 일으켰을까요? 그리고 왜 "구조주의"란 꼬리표가, 구조주의자가 아닌 혹은 적어도 그 꼬리표를 거부했던 일련의 지식인들에게 붙여졌을까요? 나는 만족할 만한 대답을 얻기 위해서는, 분석의 중심을 이동시켜야만 한다고 여전히 확신합니다. 기본적으로 유럽에서 구조주의의 문제는 동유럽 국가들에서 제기되었던 더 중요한 문제들의 결과였을 뿐입니다. 무엇보다도 우리는 스딸린주의의 해체기 동안 수많은 지식인들—소련이나 체코슬로바키아 등등의 지식인들—이, 기존의 정치 체제로부터 일정 정도의 자율성을 획득하고, 공식적 이데올로기들로부터 자유로워지기 위해 기울였던 노력들에 주목할 필요가 있습니다. 이를 위해 동유럽의 지식인들은, (내가 앞서 이야기한) 1920년대부터 전해져 온 일종의 비교(秘敎)적 전통을 활용했지요. 그러한 전통은 두 가지 의의를 지니고 있었는데, 한편으로 그것은 동유럽이 서구 문화에 제공할 수 있었던 혁신의 위대한 형태들(형식주의,

구조주의 등등) 중의 하나였습니다. 다음으로, 이러한 문화는 직접적이든지 간접적이든지 간에 10월 혁명과 연결되어 있었고, 그것의 주된 옹호자들은 서로 일치했습니다. 이제 좀더 명확하게 이해할 수 있을 겁니다. 탈-스딸린주의 시기에, 당시 지식인들은 문화적으로 훌륭했던 이러한 구조주의적 전통의 맥락을 다시 이어감으로써 그들의 자율성을 회복하려고 했습니다. 그리고 이러한 행위는 정치적인 관점에서 볼 때, 반동적이라거나 서구적인 것으로 비난받을 수 없습니다. [오히려] 그것은 혁명적인 것이었고, 동유럽적인 것이었지요. 이런 식으로 구조주의 사상이 부활했고, 사상과 예술 영역에서 이러한 경향들이 유통되기에 이르렀습니다. 나는 소련 당국이 이러한 위험에 대해 수많은 경고를 주었다고 생각합니다. 그러나 한편으로 그들은 많은 지적 역량들이 향하는 방향과 공식적으로 대립하는 위험에 처하길 원하지는 않았지요.

이러한 이유로, 나는 프랑스에서의 사건들은 이러한 일들의 의식치 못한 결과 같은 것이었다고 생각합니다. 어느 정도 맑스주의적이었던 서클들 — 공산당원들이거나 맑스주의의 영향을 받은 이들 — 은 모두, "구조주의" 속에는 그리고 프랑스에서의 구조주의의 실행에는, 전통적인 맑스주의 문화의 조종(弔鐘)처럼 들리는 무엇인가가 있다는 것을 예감했음에 틀림없습니다. 맑스주의적이지 않은 좌파 문화가 막 나타나고 있었던 것이지요. 이것으로부터 우리는 이 연구들이 기술관료적(technocratie)이며 관념적이라고 즉각적으로 비난한 몇몇 반응의 기원을 알 수 있습니다. 그리고 이러한 비판은 어느 정도 소련에서 이루어졌던 것과 유사합니다. 『레 땅 모데르네』[5]에 실린 어떤 비판들은, 스딸린주의 시기 막바지에 이루어진, 혹은 후루시초프 시기까지 이어진 형식주의와 구조주의에 대한 비판들과 매우 비슷하지요.

| 둣치오 뜨롬바도리 |

나는 여기서도 당신이 약간 억지를 부리고 있다는 생각이 드는군요. 구조주의에 대한 유사한 판단이 문화적 입장의 수렴을 보여주는 것은 아니며, 정치적 입장의 수렴을 보여주는 것은 더더욱 아닙니다만…

| 미셸 푸코 |

충분한 본보기가 될 만한 두 개의 일화를 이야기해 주고 싶군요. 첫 번째 이야기는 확실치는 않지만, 몇 년 전 체코-슬로바키아 이주민이 나에게 해준 이야기입니다. 가장 중요한 서구 철학자 중의 한 명이 — 그는 프랑스인이었는데[6] — 프라하에 초청받아 강연을 하게 되었답니다. 그게 1967년말이었는지, 1968년초였는지

5. [옮긴이] 사르트르가 1945년에 창간한 『레 땅 모데르네』(*Les temps modernes*)는, 1960~70년대 동안 프랑스 좌파와 맑스주의자 사이에 큰 영향력을 가졌던 잡지이다.
6. [옮긴이] 뜨롬바도리는 이 책에 대한 해설에서, 이 철학자가 사르트르를 가리킨다고 밝히고 있다.

는 잘 모르겠군요. 체코인들은 이 철학자를 매우 애타게 기다리고 있었습니다. 그는 "프라하의 봄"의 전성기 동안에, 즉 위대한 문화적 · 사회적 흥분기 동안에 초대된 최초의 중요한 비공산당원 철학자였기 때문이지요. 사람들은 그 철학자가 전통적인 맑스주의 문화와는 구별되는 서유럽의 급진적 조류에 대해 이야기해 줄 것이라고 기대하고 있었습니다. 그러나 강연의 시작부터 그 프랑스 철학자는 일군의 지식인들을, 즉 "구조주의자들"을 성토하기 시작했습니다. 구조주의자들은 필경 거대자본에 봉사하게 되어 있으며, 위대한 맑스주의의 이념적 전통에 반대하려 한다고 말입니다. 그렇게 말함으로써 그는 체코인들에게 호의를 베풀었다고 생각했을지도 모릅니다. "보편적 맑스주의"의 형태로 일종의 대화를 제안함으로써 말이지요. 하지만, 그는 자기도 모르게, 그 나라 지식인들이 하고 있던 작업을 비판한 꼴이 되었습니다. 동시에 그는 체코 정부가 구조주의에 대한 공격을 개시하는 데, 아주 좋은 무기를 제공해 준 셈이지요. 공산당원이 아닌 지식인조차 구조주의를 반동적이고 부르주아적인 이념으로 파악하고 있다는 것을 보여줬으니까요. 당신도 알 수 있듯이, 그것은 굉장히 실망스러운 일이었습니다.

이제 두 번째 이야기로 넘어가 보지요. 이 이야기에서는 제가 주인공입니다. 1967년에 나는 헝가리에서 일련의 강의를 제안 받았습니다. 나는 무엇보다도 구조주의를 둘러싸고 진행 중인 논쟁들에 관해 강의하겠다고 제안했고, 나의 제안은 모두 받아들여져, 대학의 대강당에서 강연을 시작하게 되었지요. 그런데 내가 구조주의에 대해 강연하기로 한 시간이 되자, 갑자기 강연을 대학 총장 사무실에서 하라는 통보가 전해졌습니다. 그들이 말하길, 그것이 너무 전문적인 주제라 사람들에게 흥미를 주지 못한다는 것이었습니다. 나는 이것이 거짓말이라고 생각했고, 젊은 통역자에게 이러한 생각을 밝혔습니다. 그러자 그가 이렇게 대답하더군요. "대학에서 우리가 논의할 수 없는 것이 세 가지가 있습니다. 나치즘과 호르티 정권(régime Horty)[7], 그리고 구조주의가 그것이지요." 나는 깜짝 놀랐습니다. 그러나 이 일화를 돌이켜보면서, 나는 구조주의의 문제는 본질적으로 동유럽의 문제였고, 프랑스에서 그 주제가 겪었던 가열된 논쟁과 혼란스러운 운명은— 확실히 모든 이들이 이 점을 제대로 이해하지는 못했지만— 동유럽 국가들에서 발생한 훨씬 더 심각하고 어려운 투쟁의 결과에 불과했다는 사실을 이해하기 시작했습니다.

| 둣치오 뜨롬바도리 |

어떤 의미에서 당신은 "결과"라고 말하고 있는 거죠? 프랑스에서

---

7. [옮긴이] 미클로스 호르티(Miklós Horty)는, 1919년 헝가리의 프롤레타리아 혁명이 실패로 돌아간 후, 정권을 잡은 독재자이다. 그는 2차 세계대전 중 독일이 헝가리를 점령했을 때도, 여전히 꼭두각시 정권의 통치자 역할을 수행하였고, 이후 포르투갈로 망명하여 사망하였다.

발생했던 이론적 논쟁은, 구조주의의 문제를 넘어선 나름의 특유한 독자성을 가지고 있지 않았습니까?

| 미셸 푸코 |

당신이 원하기만 한다면, 나의 고찰은 서유럽에서 발생한 논쟁의 성격과 밀도를 정확히 이해하는 데 있어 유용하게 쓰일 수 있습니다. 사실 "구조주의"라 불렸던 것의 배후에서는 일련의 중요한 문제들이 제기되고 있었습니다. 말하자면, 더 이상 "주체"에 초점을 맞추지 않은 채 이론적 문제들을 제기하는 방식, 그리고 완전히 합리적이지만 맑스주의적 변종에는 속하지 않는 특정한 분석 형태들이 제기되고 있었던 것이지요. 내가 생각하기에 그것은, 거대한 맑스주의적 복종으로부터 벗어난 이론적 성찰들의 탄생이었습니다. 이러한 점으로 볼 때, 동유럽에서 문제가 되었던 투쟁과 가치들이 몇 가지 방식으로 서구에서 발생한 사건들로 이전(移轉)되었다고 할 수 있지요.

| 둣치오 뜨롬바도리 |

나는 이 "이전"의 의미를 이해할 수 없군요. 동유럽에서의 구조주의적 전통과 방법에 대한 관심의 부활은, 프랑스 "구조주의자들"에 의해 표현된 "이론적 반-휴머니즘"의 계열과는 거의 관계가 없습니다만…

| 미셸 푸코 |

아마도 내가 제대로 설명하지 못한 것 같네요… 하지만 동유럽과 서유럽에서 발생했던 것은, 일정한 한계 내에서 본질적으로 동일한 종류의 현상이었습니다. 둘 모두에게서 중요했던 것은, 비합리적이지 않고 우파에 기원을 두지도 않으면서 맑스주의적 교조주의로도 환원되지 않는, 분석과 사상의 형태들을 구성하는 것이 어느 정도까지 가능할 것인가의 문제였기 때문이지요. 그 논쟁들의 [구체적] 전개를 막론하고, "구조주의"라는 막연하고 혼란스러운 용어 속에 포함된 복잡한 문제들은 바로 이것이었습니다. 그렇다면 왜 "구조주의"라는 용어가 나타났을까요? 그것은 구조주의에 관한 논쟁이 소련과 동유럽에서 벌어진 사건들에서 핵심적인 위치에 있었기 때문입니다. 거기에서도, 프랑스에서 제기되었던 것과 유사한 문제가 존재했지요. 즉, 변증법적 유물론의 교리와 법칙을 넘어서는, 이론적이고 합리적이며 과학적인 연구를 어느 정도까지 수행할 수 있을 것인가의 문제 말입니다. 당신도 보다시피, 여기에는 프랑스에서 발생한 것과 긴밀한 유사성이 있지요. 다만 차이점을 들자면, 프랑스에서 논쟁의 핵심은 엄격한 의미에서는 구조주의가 아니었다는 것입니다. 반면에 동유럽에서는, 그들이 숨기고 물리치려고 했던 (그리고 오늘날에도 여전히 숨기려하는) 것은 구조주의 그 자체였습니다. 이런 분석은 구조주의에 쏟아진 증오들이 가지는 의미를 설명하는 데 도움이 될 것입니다…

| 둣치오 뜨롬바도리 |

하지만 이상하게도, 이러한 "증오"의 대상 중 하나는 루이 알뛰세였습니다. 그런데 그의 연구는 전반적으로 맑스주의적인 것, 아니 심지어 맑스 사상의 가장 충실한 해석임을 공언하는 것이었지요. 그리고 그 결과, 알뛰세 역시 "구조주의자들"에 포함되었습니다. 그렇다면 1960년대 중반에 함께 출판되었지만, 각기 다른 입장을 가진 『자본론을 읽는다』(*Lire le Capital*) 같은 맑스주의적 작업과 『말과 사물』 같은 당신의 저작이 왜 "반-구조주의" 논쟁의 공통적 표적이 되었을까요?

| 미셸 푸코 |

"주체"의 우월성에 대한 이론적 반대를 제외하면, 나는 왜 알뛰세가 구조주의자라는 정의하에 놓이는지 잘 모르겠습니다. 그는 구조주의자가 아닌데 말이죠. 나에 관해 말하자면, 나는 기본적으로 사람들이 내게 『광기의 역사』의 대가를 치르게 하려고, 나의 다른 책, 즉 『말과 사물』을 대신 공격한 것이라고 믿고 있습니다. 무엇보다도 『광기의 역사』는 많은 갈등을 불러왔으니까요. 예를 들어, 그 책이 고상한 문제들에서 미세한 문제들로 사람들의 관심을 돌려버렸다, 그 책은 맑스를 논의하는 대신에 정신 병동의 내적 실천 같은 하찮은 문제들을 분석하는 방향으로 나아갔다는 식의 비판들이 있었지요. 그런데 10년 전에 터져나왔어야 했던 이

러한 악평들이, 1966년 『말과 사물』이 출판될 때에야 쏟아져 나왔습니다. 사람들은 그 책이 순전히 형식적이고 추상적인 텍스트라고 비판했습니다. 그러나 광기에 대한 나의 첫 번째 저작은 전혀 그렇지 않았습니다. 만약 사람들이 『광기의 역사』와 이어서 나온 『임상의학의 탄생』을 주의깊게 읽었다면, 분명 『말과 사물』이 나에게는 완전한 책이 아니라는 사실을 알아 챌 수 있었을 것입니다. 『말과 사물』은 일련의 주제들을 다루고자 고안되어, 특수한 차원에 맞추어진 작품이었습니다. 나는 확실히 그 책에서 내 관심사들 — 특히 방법론적인 문제들 — 모두를 풀지는 못했지요. 게다가 그 책의 마지막 부분에서, 나는 그 책이 핵심적으로는 앎(connaissance)과 지식(savoir)의 변환의 차원에서 수행된 분석이라는 것을 재차 강조했습니다. 그리고 나는 그러한 결론들로부터 시작하여 일련의 문제들과 원인들에 대한 분석으로 한걸음 더 나아갈 필요가 있다는 사실을 깨달았다는 것 역시 밝혔습니다. 만약 나를 비판하는 사람들이 내 선행 저작을 읽고, 그것들을 잊어버리지 않았다면, 그들은 내가 이미 [선행] 저작들 속에서 일련의 문제와 설명, 원인들을 제안했다는 사실을 인식할 수 있었을 텐데요.

부분적으로 이것은, 책을 일종의 절대적인 것, 그리고 그 자체 요소들 속에서 완벽히 정교화되어 있는 것으로 보는 프랑스의 아주 오래되고 뿌리 깊은 악습의 결과일 것입니다. 그러나 당신도 알다시피, 나는 책들을 연속해서 씁니다. 먼저 쓰여 진 책은 열린 문제들을 남겨 놓고, 다음에 쓴 책은 이러한 문제들에 근거하여 시작하지요. 그리고 그 책은 차례로 또 다른 책을 요구하게 됩니다. 이 모든 과정이 직선적인 경향이나 연속성 속에서 이루어지지는 않습니다. 다만 텍스트들은 서로 교차되고 겹쳐질 뿐이지요.

| 둣치오 뜨롬바도리 |

『말과 사물』 같은 "방법의 책"과 광기나 임상의학에 대한 "탐험의 책"을 연결시켜 주는 것은 무엇입니까? 어떠한 문제들이 당신으로 하여금 좀더 체계적인 재고찰로 나아가, 에피스테메(épistémie)라는 개념, 즉 일정한 문화적 · 역사적 시기의 "담론적 실천들"을 지배하는 일단의 규칙들을 끌어내도록 만든 것이지요?

| 미셸 푸코 |

『말과 사물』을 통해, 나는 서구의 실험적 지식(savoir)의 질서에 속하는 분류(classifications), 배열(coordination), 표 작성(mise en tableaux)의 절차에 대한 분석을 발전시켰습니다. 이 문제는 내가 『임상의학의 탄생』을 쓰는 동안에 지적했던 것인데, 당시 나는 이 문제를 생물학, 의학 그리고 자연 과학의 문제들과 관련해서 다룰 수 있었지요. 하지만 의학적 분류라는 문제는, 이미 『광기의 역사』를 쓸 때 직면했던 문제이기도 합니다. 왜냐하면 그와 유사한 방법론은 정신병과 관련해서도 정확히 작동하고 있었기 때문이지

요. 당신도 보다시피, 그것은 체스판의 졸(卒)처럼, 한 수 한 수 둘 때마다 때로는 지그재그로 때로는 이 칸에서 저 칸으로 건너 뛰면서 변화하는 주제였습니다. 그래서 나는 연구를 하는 동안 구체화된 이 복잡한 그림들을 하나의 텍스트 내에서 체계화하기로 결심했지요. 그리하여 『말과 사물』이 탄생하게 된 것입니다.

이 책은 매우 전문적인 책으로 특히 과학철학의 전문가들을 대상으로 쓰여진 것입니다. 나는 조르쥬 깡길렘과의 토론 이후에 그 책을 고안해 냈고, 그 책을 통해 누구보다도 전문연구자들에게 말을 걸고 싶었습니다. 그러나 사실대로 말하자면, 나를 가장 흥분시켰던 문제들이 이러한 과학 철학적 문제들은 아니었습니다. 나는 이미 "한계-경험"에 대해 당신에게 이야기했습니다만, 이러한 "한계-경험"이 진정 나를 매혹시켰던 주제였고, 내가 가장 관심을 가졌던 부분은 광기, 죽음, 섹슈얼리티, 범죄 같은 것들이었지요. 대신에, 나는 항상 『말과 사물』은 일종의 형식적인 연습으로 간주하고 있습니다.

| 둣치오 뜨롬바도리 |

설마 당신은, 내가 『말과 사물』이 당신에게 중요치 않다고 생각하길 바라는 건 아니겠지요! 그 책은 당신 사상의 질서에 있어서 주목할 만한 변화를 보여줍니다. 그 책을 통해 당신의 조사 영역은, 더 이상 광기의 "최초의 경험" 같은 것이 아니라 문화와 역사의

조직과 그 기준이 되었지요…

| 미셸 푸코 |

나는 『말과 사물』을 통해 얻은 결론들을 전부 폐기한다고 말하려는 게 아닙니다. 다만 『말과 사물』은 "진정한" 나의 책이 아닙니다. 다른 저작들 속에 담긴 흥미나 감응의 깊이와 비교해 볼 때, 그 책은 주변적인 성격을 가집니다. 그럼에도 불구하고, 몇 가지 기묘한 역설에 의해 『말과 사물』은 대중적으로 가장 성공한 책이 되었지요. 출판될 당시 그 책이 받은 집중포화를 아마 귀담아 듣지 않았는지, 모든 사람들이 그 책을 사기를 원했고 수만 권이 팔려나갔습니다. 이러한 현상은, 이론적 문헌의 소비가 신문과 잡지에 실린 비평들의 양과 연결되어 있는, 그다지 좋지 않은 특성 덕분에 발생한 역설이었지요.

| 둣치오 뜨롬바도리 |

그렇다면 당신이 그 책을 쓰고자 마음먹을 당시, 그 책에 부여했던 중요성에 대해 좀 자세히 설명해 주실 수 있겠습니까?

| 미셸 푸코 |

무엇보다 나는 그 책에서 세 가지 과학적 실천을 비교하려고 했습니다. 내가 말하는 "과학적 실천"이란, 대상의 영역을 정의하는

동시에 그것들을 알도록 정해진 이상적 주체를 확정하는, 여러 담론들을 구축하고 규제하는 특정한 방식을 의미하는 것이지요. 나에게는, 세 가지 구별되는 영역들—자연사, 문법, 그리고 정치 경제학—이 어느 정도 비슷한 시기(17세기경)에 자신들의 규칙 속에서 구성되고, 이어서 100여 년에 걸쳐 유사한 변화를 경험했다는 사실이 특이해 보였습니다. [그 책에서 이루어진] 작업은 이질적인 실천들에 대한 엄밀한 비교 연구였습니다. 즉, 그 연구 자체의 본성상, 예컨대 부(富)에 대한 분석의 탄생과 자본주의 발전 사이에 존재할 만한 관계들을 기술할 필요는 없었지요. 문제는 정치 경제학이 어떻게 발생했는가를 아는 것이 아니라, 상이한 담론적 실천들 사이에 존재하는 공통적인 요소를 발견하는 것이었으니까요. 다시 말해, 그 책은 과학적 담론에 내재하는 절차들에 대한 하나의 비교 분석이었던 것입니다. 그것은 몇몇 과학사가를 제외하면 당시 사람들이 거의 관심을 기울이지 않은 문제였지요.

그러나 당시에 본질적이었고 오늘날에도 여전히 핵심적인 문제는, [오히려] 다음과 같은 것입니다. 어떻게 과학성의 가면을 쓴 지식(savoir)의 유형이, 현실적인 실천 속에서 등장할 수 있을까? 이것은 항상 현재적인 문제이며, 다른 모든 것들을 지배하는 문제입니다.

| 둣치오 뜨롬바도리 |

그럼에도 사회적 실천으로부터 지식의 구성이라는 이러한 "지배적인 문제"는, 『말과 사물』에서는 제대로 조명되지 않았습니다. 내 생각에 그 책에 대한 가장 날카로운 비판은, 그 책이 구조적 "형식주의"라는 비난, 즉 역사와 사회의 문제를 인식 구조 내부의 일련의 "불연속"과 "단절"로 환원시켰다는 비난인 것 같습니다.

| 미셸 푸코 |

내가 이 문제를 다루지 않았다거나 이 문제에 정면으로 맞서지 않았다고 비난하는 사람들에게, 내가 그러한 문제를 무시하지 않고 있다는 것을 보여주기 위해 『광기의 역사』를 썼다고 대답해야겠군요. 그리고 내가 『말과 사물』에서 그 문제에 관해 논의하지 않은 것은, 내가 다른 주제들을 다루기로 결심했기 때문입니다. 사람들은, 내가 행한 다양한 담론적 실천들 간의 비교가 정당한지에 대해 이의제기할 수 있습니다. 그러나 그들은 내가 한 작업이, 확실히 부차적이지만은 않은 일련의 문제들을 제기하고자 한 것이었다는 사실을 명심해야만 합니다.

| 둣치오 뜨롬바도리 |

어쨌든 『말과 사물』에서 당신은 맑스주의를 19세기 에피스테메에 속하는 명백한 사례로 환원하면서, 맑스에게는 전체 문화적 지평

과의 인식론적 단절이 없었던 것으로 간주하고 있습니다. 맑스의 사상과 그것이 가진 혁명적 중요성에 대한 이러한 과소평가는, 매우 열띤 비판적 반응들을 불러일으켰지요.

| 미셸 푸코 |

그렇습니다. 마치 그것이 모욕이라도 되는 양, 이 부분에 관해서 많은 반론들이 있었지요. 당시는 강제 노동 수용소에 대한 책임의 상당부분을 맑스에게 뒤집어씌우는 것이 막 유행하기 시작했을 때였기 때문에, 내가 이러한 비판 형태의 선구자라고 여겨졌던 것 같습니다. 그러나 이것은 완전히 잘못된 것입니다. 나는 나의 분석을 맑스의 정치경제학에 한정하기를 원했습니다. 나는 결코 맑스주의 전체를 이야기한 것이 아닙니다. 비록 내가 맑스주의란 단어를 언급했을지라도, 나는 그 용어를 정치경제학 이론을 가리키기 위해서 사용했습니다. 그리고 사실 나는 맑스주의적 경제학이 가지는 기본적 개념과 그 담론의 일반적 규칙이, 리카도(David Ricardo)의 시대에 최초로 구체화된 담론적 형성(formation discursive)[8]의 한 유형에 속한다고 주장하는 게 그렇게 불합리한

8. [옮긴이] "formation"을 명사로 실체화해서 "구성체" 등으로 번역하는 것은 곤란하다. 왜냐하면 formation이란 어떤 언어적 구성체의 형성을 가능하게 해준 규칙들의 집합, 가능성의 장을 의미하기 때문이다. "형성"과 "변환"이란 언어적 구성체들의 역사적 운동을 뜻하는 말들이다. (미셸 푸코, 『지식의 고고학』, 이정우 옮김, 민음사, 2000, 68쪽, 역주 26.) 이에 따라 여기서는 "formation"을 주로 "형성"으로 옮겼다. 다

것이라고 생각지 않습니다. 어쨌든 자신의 정치경제학이 데이빗 리카도에게 기본적인 원리들을 빚지고 있다고 밝힌 것은 맑스 자신이었으니까요.

| 듯치오 뜨롬바도리 |

비록 제한적이었다고는 하지만, 맑스주의에 대한 그러한 언급의 목적은 무엇이었습니까? 맑스주의에 대한 평가를 열 쪽도 채 안 되는 부수적인 성찰로 마무리짓는 방식은, 조금 성급해 보이지 않습니까?

| 미셸 푸코 |

사실, 나는 바로 맑스의 정치경제학을 성전(聖典)화하는 식의 열광에 반대하고자 했습니다. 내가 생각하기에 그러한 열광은 다른 게 아니라, 19세기에 탄생했지만 20세기에 지대한 영향을 미쳤던 정치적 이데올로기로서 맑스주의가 가지는 역사적 행운(fortune)에서 기인한 것이었습니다. 그러나 이러한 사실이, 맑스의 경제적 담론의 규칙들이 19세기의 과학적 담론 형성의 기준이 가지는 에피스테메를 공유한다는 사실을 부정할 수 있는 것은 아닙니다. 이렇게 말하는 것이 극악무도한 행위는 아닙니다. 내게는 많은 이들이 이

만, 뜨롬바도리가 어떤 완성된 담론체를 의미하기 위해 "formation"을 사용한 경우에는 "형성체"로 옮겼다.

러한 주장을 용납하지 못한다는 것이 더 이상해 보이는군요.

나는 이러한 반응들이 다음과 같은 특정한 국면과 관련하여 이해될 수 있다고 생각합니다. 당시 한편에는, 맑스에게 최고의 위치를 부여하지 않는 어떤 주장도 용납지 않던 전통적 맑스주의의 [나의 주장에 대한] 전면적 거부가 있었습니다. 그런데 당시 가장 적대적이었던 사람들은, 이러한 전통적 맑스주의자들이 아니었습니다. 오히려, 정치경제학의 문제에 가장 많은 관심을 보였던 맑스주의자들은, 나의 주장에 그다지 분개하지 않았던 것 같습니다. 반면에, [나의 주장에] 즉각적으로 진정한 충격을 받았던 사람들은, 〈프랑스 공산당〉의 전통적 지식인들에 전반적으로 반대하며 자신들의 이론적 관점을 완성해 가고 있었던 젊은 신-맑스주의자들(néomarxistes)이었습니다. 그들은 1968년 이후에 맑스-레닌주의자나 혹은 마오주의자가 된 사람들로서, 그들에게 있어서 맑스는 부르주아 이데올로기뿐 아니라 공산당에 대항하는 매우 중요한 이론적 전투의 목표(objet)였습니다. 그들은 공산당이 이론적 타성에 젖어 있으며, 교리를 퍼뜨리는 것 외에는 아무것도 할 줄 모른다고 비난했지요. 이러한 "반(反)-프랑스 공산당" 맑스주의 세대에서는, 맑스를 절대적 과학성의 "문턱"으로 평가하고 찬양하는 것이 유행했기 때문에, 가장 격렬한 반응이 있었습니다. 그들은 나의 주장을 용서치 않았고, 나에게 모욕적인 편지를 보내기도 했지요.

| 둣치오 뜨롬바도리 |

당신이 말한 "맑스-레닌주의자" 혹은 "마오주의자"는, 특별히 누군가를 염두에 둔 표현인가요?

| 미셸 푸코 |

그들은, 내가 앞서 이야기한, 1968년 5월 이후 "초-맑스주의적"(hyper-Marxistes) 발언들을 했던 지식인들과 어느 정도 동일한 사람들입니다. 그들은, 이전엔 들어보지 못한 방식으로 맑스에게서 차용한 용어들을 퍼뜨렸는데, 당신도 알다시피 몇 년이 지난 후에 이러한 용어들은 버려지게 되었지요. 맑스에 대한 무한정한 찬양의 시기, 즉 일반화된 "초-맑스주의화"의 시기에, 확실히 내가 쓴 것은 용납될 수 없는 것이었습니다. 비록 그것이 맑스의 주장이 리카도 식의 정치경제학이라는 상당히 제한된 발언일지라도 말이지요.

| 둣치오 뜨롬바도리 |

어쨌든, 이러한 거부는, 당신의 다른 주장들 — "구조주의"라는 주제, 특정한 맑스주의적 전통에 대한 반대, 그리고 "주체" 철학의 "해체" — 에 대한 거부와 맞물려, 최후에 등장한 것 같습니다.

| 미셸 푸코 |

그리고 기본적으로 사람들은, 스스로를 광기와 연결시키고, 보편

적으로 중요하고 가치있는 문제로 여겨졌던 과학의 역사를 그렇게나 괴상망측한 방식으로 재구축하려는 사람의 말을, 그리 진지하게 받아들일 수 없었으리라는 점을 덧붙일 수 있을 겁니다. 확실히, 우리가 열거한 이러한 이유들이 모여서 『말과 사물』에 퍼부어진 저주들을 불러일으켰던 것이지요. 모든 사람들에게서, 『레 땅 모데르네』, 『에스프리』(*Espirit*), 『르 누벨 옵세르바퇴르』(*Le Nouvel Observateur*) 같은 잡지들에서, 우파 쪽에서, 좌파 쪽에서, 중도파 쪽에서, 즉 모든 곳에서 믿을 수 없는 욕설들이 우박처럼 쏟아졌습니다. 그리고 수백 권 정도 팔릴 거라 예상했던 그 책은, 대단한 성공을 거둘 수 있었지요.

| 둣치오 뜨롬바도리 |

1960년대 후반은 격변이 일어났던 시기로, 프랑스뿐 아니라 유럽 문화의 역사에 있어서도 중요한 시기였습니다. 그런데 그 시절에 대한 역사적 이해는 오늘날에도 어렵기만 하지요. "초-맑스주의"는 정말로 맑스 담론의 복귀 혹은 그것의 진정한 부활의 징조였을까? 실제 발생했던 과정들은 무엇인가? 그리고 어떤 가치의 지평이 나타났는가? 이 모든 것들이, 아마도 아직 적절한 용어로 제기되지 못한 열려진 물음들인 것 같습니다.

| 미셸 푸코 |

당신이 말한 점들을 포함해서, 1968년을 전후해 발생했던 일들은 더욱 자세히 이해될 필요가 있습니다. 그 때를 되돌아보면서, 나는 당시 막 발생했던 것들이 확실히 그 자신에게 적절한 이론이나 어휘(vocabulaire)를 가지지 못했었다고 말하고 싶습니다. 당시 발생한 변화들은, 철학적 · 이론적 체계 전체, 그리고 얼추 이 세기의 전반기를 결정지었던 문화 전반과 관련된 것이었습니다. "사물들"은 막 무너지기 시작했는데, 이 과정을 표현해 줄 수 있는 적절한 어휘는 존재하지 않았던 거지요. 그런데 사람들은 『말과 사물』에서, 당시 유행하던 어휘들과의 "차이"와 특수성을 인식했던 것 같습니다. 이러한 점이 흥미와 반발 모두를 야기한 것이었지요. 그러나 어휘의 문제로 돌아가 봅시다. 당시 어떤 일들이 일어났습니까? 그 당시 프랑스는 식민 시대의 종결을 경험하고 있었습니다. 그리고 국제 질서의 균형 속에서 프랑스가 더 이상 예전에 누렸던 패권을 가지지 못할 것이란 사실은, 문화가 항상 국가에 대한 찬미와 얽혀 있었던 프랑스에서는 결코 작지 않은 문제였지요. 둘째로, 사람들이 소련과 관련하여 쉬쉬했던 모든 것들(티토부터 탈스딸린화나 부다페스트까지)이 점점 더 명확해지면서, 특히 좌파 서클 내에서, 기존의 기획과 가치들에 대한 점진적인 전복이 일어나고 있었습니다. 마지막으로, 알제리와의 전쟁을 빠뜨려서는 안 됩니다. 프랑스에서 그 전쟁에 대항해 가장 급진적인

방식으로 싸웠던 사람들은, 대부분 〈프랑스 공산당〉에 속해 있거나 공산당과 매우 친밀한 사람들이었습니다. 그러나 이러한 그들의 실천은, 당의 지지를 전혀 받지 못했습니다. 당시 〈프랑스 공산당〉은 그 전쟁에 대해 불명확하고 양가적인 태도를 가지고 있었지요. 그리고 당의 이러한 태도는, 1968~1970년 동안 지속된 격렬한 투쟁 기간 동안 젊은이들과 학생들의 지향에 대한 통제력을 점진적으로 상실함으로써, 매우 비싼 대가를 치르게 되었지요. 게다가 알제리 전쟁을 통해, 프랑스 좌파들이 〈프랑스 공산당〉과 정의로운 투쟁, 정의로운 대의명분이 동의어라고 순진하게 믿어왔던 오랜 시기가 종결되었습니다. 그 전에는 당이 비판될 때조차도, 사람들은 당이 모든 것에도 불구하고 옳은 편에 서 있다고 생각했습니다. (일반적으로, 소련에 대한 사람들의 입장도 비슷했지요.) 그러나 알제리 전쟁 이후, 이러한 종류의 무조건적인 지지는 끝났고, 파열점에 다다르게 되었지요. 이렇게 새로운 비판적 입장을 정식화하는 것은, 확실히 쉽지 않은 일이었습니다. 왜냐하면 적절한 어휘들이 존재하지 않았지만, 한편으론 누구도 우파(右派)에서 형성된 어휘들을 사용하길 원하지는 않았기 때문이지요.

사실 사람들은 여전히 이러한 문제에서 헤어나지 못하고 있습니다. 그리고 내가 보기엔, 이것이 당시의 이론적 논쟁들이 매우 폭력적이고 혼란스러운 방식으로 종결되고, 많은 문제들이 여전히 뒤죽박죽인 채 남아 있는 이유인 것 같습니다. 즉, 우파의 언어를 피하면서, 〈프랑스 공산당〉의 동요나 소련의 정치 혹은 스딸린주의에 대해 비판적으로 성찰한다는 것은, 어려움들을 양산하는 복잡한 작업이었습니다. 오늘날에도 여전히 그렇지 않습니까?

| 뒷치오 뜨롬바도리 |

그렇다고 말해야 하겠군요. 다만 "어휘"라는 말이 나왔으니 말인데, 『지식의 고고학』에서 당신은 기존의 "에피스테메"와 "담론적 형성"이라는 개념적 성취에 이어서, 과학적 담론의 물질적 · 제도적 조건으로서의 "언표"(énoncé)[9] 개념을 통해 하나의 전환을 이뤄냈습니다.[10] 이러한 주목할 만한 방향 전환은, (내가 보기엔 이

---

9. [옮긴이] 푸코의 언표 개념을 한마디로 정의하기는 매우 어렵다. 『지식의 고고학』에서 푸코는 언표에 대해 다음과 같이 정리하고 있다. "언표는 고유하게 기호에 속하는, 그리고 그로부터 출발해 우리가, 분석에 의해 또는 직관에 의해, 그들이 '의미를 가지는가'의 여부를, 어떤 규칙들에 따라 그들이 계기하고 병치되는지를, 그들이 무엇에 대한 기호인지를, 어떤 종류의 행위가 그들의 언어표현에 의해 실행될 수 있는가를 결정할 수 있는 존재의 기능인 것이다." (이정우 옮김, 민음사, 2000, p.129.)
이 언표적 기능은 다음과 같은 특징을 지닌다. 1) 그것은 어구에 그 의미를 주는, 명제에 그의 진리가를 주는 존재의 출현과 제한의 가능성을 정의한다. 다시 말해, 언표는 명제나 어구, 담화행위 등과는 구분되며 오히려 그러한 존재양태들이 출현할 수 있는 하나의 장을 형성한다. 2) 언표는 기호들과 주체가 관계맺을 수 있는 가능성의 장을 형성한다. 3) 언표적 기능은 그에 연합해 있는 어떤 영역의 존재 없이 실행될 수 없다. 즉, 언표는 서로 질서지우고, 공존하고 상호 관계 속에서 어떤 역할을 행하도록 해주는 장 속에서 전개되어야 한다. 4) 언표는 어떤 물질적 실존, 즉 언표가 투자되고 사용되는 제도적 장을 가져야만 한다. 이에 대한 자세한 내용은 『지식의 고고학』, 117~154쪽 참고.

10. 일반적으로 "statement"라 번역되기는 하지만, énoncé에 딱 들어맞는 영어 단어는

방향 전환이 여전히 현재 당신의 연구 영역을 결정하는 것 같습니다만) 1968~1970년 동안 구체화된 이론적 · 실천적 격변과 그 조건들에 영향을 받은 것입니까?

| 미셸 푸코 |

아닙니다. 『지식의 고고학』이 1969년에 출간되긴 했지만, 나는 그 책을 1968년 이전에 썼습니다. 그리고 그 책은 본래, "구조주의"에 관한 논쟁에 답하고자 한 것이었습니다.(내가 보기엔, 그 논의가 많은 문제들을 혼란스럽게 뒤섞어 버리고 있었거든요.) 그러므로 그 책의 중요성을 프랑스에서의 5월이나, 1968혁명 전체와 연결시키는 것은 부당해 보이는군요. 대신에 그 책은 "구조주의"라는 용어로 인해 야기되었던 혼란과 연결하여 생각해 봐야 합니다.

당신은 앞서 나에 대한 삐아제의 비판을 이야기했지요. 글쎄요, 나는 당시 삐아제의 학생 중 하나가 나에게 자신의 글을 보냈던 것을 기억합니다. 그 글에서 그는, 내가 구조주의의 이론을 결여하고 있음에도 불구하고, 어떠한 방식으로 본질적으로 구조적

없는 것 같다. 우리의 번역은 énoncé와 énonciation을 구분하는 프랑스의 용법을 보존하려고 했다. 이러한 번역의 어려움에 대해서는 Alan Sheridan, *Michel Foucault: The Will to Truth*(London, Tavistock; New You가, Methuen, 1980), p. 99를 보라. [이 책에서는 énoncé를 "언표"로 번역하였다.- 옮긴이]

분석을 행하고 있는지에 대해 설명했지요. 몇 달 후에, 이번엔 삐아제가 나를 구조에 대한 분석을 결여한 구조주의 이론가로 서술한 책을 출간했지요. 이것은 그의 제자가 생각했던 것과 완전히 반대되는 주장이었습니다. 당신도 이해하겠지만, 제자와 스승이 구조와 구조주의가 무엇을 의미하는지에 대해 합의하지 못할 정도라면, 그 논의는 완전히 의미 없고 쓸모없는 것이지요. 나의 작업에 대한 비판가들은, 그들 자신이 무슨 이야기를 하는지 스스로도 잘 모르고 있었습니다. 그래서 나는, 내 모든 작업들이 어떻게 동일한 유형의 일련의 문제들을 둘러싼 것인지에 대해 보여주고자 했지요. 그 문제란, 특정한 대상과 담론적 생산을 그것의 내부적 규칙과 그들이 등장한 조건, 이 두 가지 모두와 관련지어 분석하는 것이 어떻게 가능할 것인가에 대한 것이었습니다. 그리하여 『지식의 고고학』이 탄생하게 된 것이지요.

4장

아도르노, 호르크하이머, 그리고 마르쿠제 : 역사를 '부정하는 사람'은 과연 누구인가?

| 듯치오 뜨롬바도리 |

1968년의 사건들로 인해, 또 하나의 이론적 조류가 다시 힘을 얻어 청년 문화의 매우 중요한 참고 지점이 되었습니다. 바로 프랑크푸르트학파를 말하는 것인데요. 아도르노(Theodor Adorno)와 호르크하이머(Max Horkheimer) 그리고 특히 마르쿠제(Herbert Marcuse)의 저작들은, 당시 학생들의 이데올로기 논쟁의 중심에 있었습니다. 억압에 맞선 투쟁, 반-권위주의, "문명"으로부터의 탈출, "체계"에 대한 근본적 부정 같은 주제들이, 다소의 지적 혼란과 함께 청년 대중의 표어로 논의되었지요. 나는 당신 사상이

이러한 이론적 조류와 어떤 관련을 맺고 있는지 알고 싶습니다. 당신이 이 관계에 대해 직접적으로 이야기한 적은 없었던 것 같은데요.

| 미셸 푸코 |

다음과 같은 점을 좀더 잘 이해할 필요가 있습니다. 나치에 의해 독일 대학에서 추방당한 프랑크푸르트학파의 대표적 인물 상당수가 파리에서 작업했음에도 불구하고, 프랑스에서 프랑크푸르트학파는 왜 그렇게 오랜 기간 동안 주목받지 못했을까요? 프랑스에서 프랑크푸르트학파는, 마르쿠제의 사상과 그의 프로이트-맑스주의와 관련해서만 열심히 빈번하게 논의되기 시작했습니다.

내 이야길 하자면, 나는 프랑크푸르트학파에 대해 잘 알지 못했습니다. 나는 전반적인 논의를 담고 있는 호르크하이머의 저작 몇 개를 읽기는 했습니다만, 그 의미가 내게는 좀 불분명해 보였고 무엇보다 역사유물론과 관련된 분석에 있어서는 일종의 느슨함을 느낄 수 있었습니다. 내가 프랑크푸르트학파에 관심을 가지게 된 것은, 키르히하이머(Otto Kircheimer)가 미국에서 썼던, 처벌의 메커니즘과 형벌 문제에 대한 책[1]을 읽은 이후이지요.

1. [옮긴이] 키르히하이머와 루셰(Ruche)가 공저한 『처벌과 사회구조』(*Punishment and Social Structure*)(New York: Columbia University Press, 1939)를 말한다. 푸코는 『감시와 처벌』에서 이 저작을 반복해서 인용하고 있다.

그때 나는 프랑크푸르트학파 사람들이 나보다 앞서, 내가 몇 년간 계속 작업해 온 것들을 주장하려 했다는 사실을 발견할 수 있었습니다. 이러한 사실은, 프랑스에서 — 동일하다고 말하지는 않겠습니다만 — 유사한 경험을 보고, 그들이 표현했던 분노를 설명해 줍니다. 사실 이론적 풍부함과 정확성을 위해서는, 프랑크푸르트학파에 대해 더욱 철저히 공부하고 이해할 필요가 있지요. 나로서는, 프랑크푸르트학파가 오늘날에도 여전히 유효한 문제들을 제기했다고 생각합니다. 특히, 16세기부터 서구에서 확장돼 온 역사적 · 지리적으로 한정된 합리성, 그리고 이와 연결된 권력의 효과 같은 문제는 여전히 중요합니다. 이러한 합리성의 특유한 형태가 작동하지 않았다면, 서구는 결코 자신의 고유한 문화적 · 경제적 결과들을 만들어내지 못했을 겁니다. 그렇다면 우리가 어떻게 이러한 합리성을, 그것을 결정짓는 권력의 메커니즘, 절차들, 기술들, 그리고 효과들과 분리하여 생각할 수 있겠습니까? 우리는 더 이상 그러한 권력의 형태들을 수용하지 않고, 오히려 그것을 자본주의 사회들, 그리고 아마도 사회주의 사회들도 가지고 있을 전형적인 억압의 형태로 지적하지 않았습니까? 이성의 작동을 통해 자유를 얻겠다는 계몽(Aufklärung)의 약속은, 반대로 이성 그 자체의 지배로 뒤집혀져 점점 더 자유로부터 멀어지고 있다고 결론내릴 순 없을까요? 이것이 우리 모두가 논쟁했던, 그리고 공산주의자건 아니건 간에 아주 많은 이들이 공유했던 문제입니다.

알다시피, 호르크하이머는 누구보다도 앞서서 이러한 문제를 제기했고, 이러한 가설에 기반해, 맑스와 이러한 현상간의 관계를 평가한 것이 바로 프랑크푸르트학파였습니다. 맑스에게는, 거대한 공장과 닮은 무계급 사회라는 이상이 존재한다고 주장한 것이 바로 호르크하이머 아닙니까?

| 둣치오 뜨롬바도리 |

당신은 이 사상적 흐름을 매우 중요시 하는군요. 그렇다면 당신이 방금 요약했던 프랑크푸르트학파가 성취한 선견지명과 그것의 결과들에 대해서는 어떻게 평가하십니까?

| 미셸 푸코 |

나는 프랑크푸르트학파가, 독일은 소련과 매우 가까웠기 때문에, 소련에서 발생하는 일들에 대해 일찌감치 파악하고 분석할 수 있는 좋은 기회를 가졌다고 생각합니다. 그리고 이러한 작업은 격렬하고 극적인 정치적 투쟁의 맥락 속에서 이루어졌습니다. 그 당시는, 맑스주의와 맑스에 대한 이론적 성찰이 50년 넘게 이어진 든든한 전통을 가지고 있었던 독일에서 나치즘이 바이마르 공화국의 무덤을 파고 있던 시기였기 때문이지요.

내가 프랑크푸르트학파의 이런 장점들을 모두 인식했을 때, 나는 그들을 더 빨리 알고, 공부했어야만 했다는 후회가 들었습니다. 만약 내가 그들의 작업을 좀더 일찍 알았더라면, 나는 틀림없이 유용한 시간을 아낄 수 있었을 것입니다. 나는 몇 가지 것들에 대해서는 쓸 필요가 없었을 것이고, 몇 가지 오류들은 피할 수 있었을 테니까요. 아마도 내가 젊었을 때 프랑크푸르트학파를 접했다면, 나는 완전히 그들에게 매혹되어, 그들의 저서에 주석을 다는 작업 외에는 평생 아무것도 하지 않았을 겁니다. 그러나 그들의 영향은 내게는 때늦은 것이었습니다. 내가 그들의 작업을 접했을 때, 나는 이미 더 이상 지적인 "발견들"을 행할 나이가 아니었거든요. 이러한 사실에 대해 내가 기뻐해야 할지, 슬퍼해야 할지 모르겠군요.

| 둣치오 뜨롬바도리 |

지금까지 당신은 자신이 느낀 프랑크푸르트학파의 매력에 관해서만 언급했습니다만, 나는 당신이 그들과 당신 자신을 어떻게 그리고 어떠한 이유로 구별하는지에 대해 알고 싶습니다. 예를 들어, 프랑크푸르트학파 사람들은 프랑스의 "구조주의"에 대해 명확한 비판을 가했습니다. 나는 예컨대, 알프레드 슈미트(Alfred Schmidt)가 레비-스트로스와 알뛰세 그리고 당신에 대해 쓴 글에 대해 일러주고 싶군요. 그 책에서 그는 당신들 모두를 가리켜, "역사를 부정하는 자들"이라고 말했습니다.

확실히 몇 가지 차이점들이 존재합니다. 간단히 말해, 프랑크푸르트학파에 의해 채택된 "주체"에 대한 생각은, 아주 전통적인 것이며 철학적 성격을 가진 것이었습니다. 게다가 그 개념은 확실히 맑스주의적 형태의 휴머니즘을 포함하고 있지요. 소외와 억압, 그리고 "해방"과 소외・착취의 종결 간의 관계에서 드러나듯, 그것이 프로이트적 개념과 특정하게 결합되어 있다는 사실은 이를 통해 설명될 수 있을 겁니다. 이러한 전제들을 고려할 때 확실히 프랑크푸르트학파는, 중요한 것은 "잃어버린" 우리의 동일성을 회복하는 것 혹은 구속되어 있는 우리의 본성이나 인간의 근본적인 진리를 해방시키는 것이 아니라, 오히려 완전히 다른 어떤 것을 향해 나아가는 것이라는 점을 인정할 수 없었을 거라고 생각합니다.

여기서 우리는 맑스의 "인간이 인간을 생산한다."는 경구로 돌아오게 됩니다. 이 경구를 어떻게 이해해야 할까요? 내가 보기엔, 이 경구에서 생산되어야 하는 인간은, 자연이 그 혹은 그의 본질에 따라 부과한 것에 똑같이 동일시되는 그런 인간이 아닙니다. 반대로 우리는 아직 존재하지 않았던, 어떻게 될지 그리고 무엇이 될지 알 수 없는 어떤 것을 생산해야만 하는 것이지요.

두 번째로, "생산하다"라는 동사에 대해 생각해 보도록 하지요. 이를테면, 나는 인간에 의한 인간의 생산이, 부의 생산이나 가치의 생산 혹은 경제적 상품 생산과 동일한 방식으로 이루어진다고 보지 않습니다. 오히려, 그것[인간의 생산]은 현재의 우리를 파괴하는 것이고, 완전히 다른 어떤 것, 즉 전체적인 혁신을 창조하는 문제입니다. 그런데 내가 보기엔, 프랑크푸르트학파가 가지고 있는 "인간에 의한 인간의 생산" 에 대한 생각은, 기본적으로 인간을 그의 근본적 본질로부터 멀어지게 만드는 모든 것 — 합리성과 연결된 억압적 체계 혹은 계급 사회와 연결된 착취의 체계 — 에서 인간을 해방시키고자 하는 욕구와 연결되는 것 같습니다.

| 둣치오 뜨롬바도리 |

아마도 당신과 프랑크푸르트학파 간의 차이는, 프랑크푸르트학파가 인간의 "기원"을 역사적-계보학적 의미에서 생각할 수 없었거나 혹은 그렇게 생각하기를 거부하고, 그것을 "형이상학적" 차원에서 찾은 데에서 발생한 것 같습니다. 그렇다면 문제는 "인간의 죽음"이라는 테마 혹은 은유가 되겠군요.

| 미셸 푸코 |

내가 "인간의 죽음"에 대해 말할 때, 나는 "인간에 의한 인간의 생산"에서 핵심적인 용어인, "생산"의 규정을 고치는 것이 중요하다고 말하는 것입니다. 『말과 사물』에서, 나는 이러한 인간의 죽음을 우리 시대에 이미 진행중인 것으로 제시함으로써 오류를 저질렀습니다. 나는 두 가지 측면을 뒤섞어버린 것이었지요. 첫 번째

것은 작은 규모의 현상입니다. 즉, 다양한 "인간과학들"이 발달했고, 인간이 그 경험 속에서 자신의 주체성을 속박하고 변환시켰음에도, 인간은 결코 자신의 운명의 끝에서 스스로의 참모습을 발견하지 못했습니다. 인간과학들의 약속은 우리로 하여금 인간을 발견할 수 있게 해주겠다는 것이었지만, 그들은 그 약속을 지키지 못했습니다. 오히려 일반적인 문화적 경험으로서 인간과학의 발전은, 인간 주체를 지식(connaissance)의 대상으로 "환원하는" 작업을 통해 새로운 "주체성"을 구성해 내는 것이었지요.

내가 첫 번째 것과 뒤섞어 버린 두 번째 면은, 스스로의 역사 속에서 인간은 결코 자신들을 구축하는 행위를 멈추지 않았다는 것입니다. 즉, 인간은 지속적으로 그들의 주체성의 수준을 전환하고, 그 자신을 상이한 주체성들의 무한하고 다양한 계열들로서 구성하였습니다. 그러한 과정은 결코 종결되지 않으며, 우리를 "인간"이라고 가정되는 그 무엇과 마주치도록 만들지도 않습니다. 인간은 경험의 동물이며, 그는 대상의 영역을 결정하는 동시에, 그 자신을 바꾸고, 해체하고, 변환하고, 주체로서 탈바꿈하는 무한한 과정 속에 놓여있습니다. 약간 예언자처럼 단순하고 혼란스러운 형태로 "인간의 죽음"을 말하긴 했지만, 나는 실제로는 이러한 것들에 대해 말하고 싶었습니다. 그러나 나는 근본적인 지점까지 양보하지는 않습니다. 그리고 물론 여기에, 프랑크푸르트학파와 양립할 수 없는 지점이 존재하는 것이지요.

| 둣치오 뜨롬바도리 |

프랑크푸르트학파와의 이러한 차이점은, "반-휴머니즘" 담론과 관련해서 논의될 수 있을 것 같군요. 그런데 역사를 이해하고 분석하는 방식과 관련해서는, 이러한 차이가 어떻게 반영되고 있습니까?

| 미셸 푸코 |

프랑크푸르트학파가 역사와 맺고 있는 관계는, 나를 실망시키는 또 다른 지점입니다. 내가 보기에 그들은 완전한 의미에서 역사를 다루지 않았습니다. 그들은 다른 이들에 의해 행해진 연구들을, 즉 몇몇의 훌륭한 학자들(보통은 맑스주의자들)에 의해 이미 쓰여지고 정당화된 역사를 참고했으며, 그것들을 설명의 배경으로 제시했습니다. 프랑크푸르트학파 중 몇 명은, 나를 일러 역사를 "부정하는 사람" 혹은 역사를 "거부하는 사람"이라고 주장해 왔거나 혹은 지금도 그렇게 주장하고 있습니다. 내 기억엔, 사르트르도 비슷한 말을 했던 것 같군요. 내가 그들에 대해서 말한다면, 그들은 다른 사람들이 이미 만들어 놓은 대로 역사를 사용하는 "역사의 소비자"라고 할 수 있을 것입니다. 이 말은 모든 사람들이 각자 자신에 맞는 역사를 구축할 필요가 있다는 뜻이 아닙니다. 다만, 예컨대 나의 경우엔, 다른 이들이 역사적 연구를 통해 도달한 결론들에 완전히 만족하지 못했던 것이 사실입니다. 비록

나도 다양한 역사적 연구들을 사용하고 참고하기는 했지만, 나는 항상 나의 흥미를 끌었던 영역에 대해서는 직접 역사적 분석을 수행하고자 노력해 왔습니다.

내 생각에, 그들은 직접적 분석 대신에 기존의 역사를 사용한 이유에 대해서 이렇게 대답할 것 같습니다. 즉, 전문 역사가들의 작업은, 자신들이 예컨대 사회학적 혹은 심리학적 현상이라고 지칭하는 다양한 유형의 현상들에 대해 설명할 수 있는, 일종의 물질적 토대를 제공해 준다고 말입니다. 이러한 태도는 두 가지 전제를 함축하고 있는 것입니다. 첫 번째 전제는, 철학자들이 말한 것은 실제 발생한 역사와 같은 질서에 속하지 않는다는 것입니다. 즉, 누군가의 머릿속에서 일어난 일은 하나의 사회적 현상이긴 하지만, 역사적 사건들로서의 실재와 같은 수준의 것은 아니라는 거지요. 두 번째 전제는, 일단 역사적 연구가 잘 행해졌다고 인정받고, 또 만약 그것이 경제적인 것에 관해 말하고 있다면, 그것이 반드시 저절로 그리고 본질적으로 설명적 가치를 지닌다는 가정입니다.

그러나 이런 식의 답변은 너무 신중한 동시에 너무 순진합니다. 이러한 추론은 너무 신중한데, 왜냐하면 결국 철학자를 포함한 누군가의 머리를 스쳐 지나가는 것은, 명확히 역사의 일부분이기 때문입니다. 무엇인가를 말한다는 것 자체는, 하나의 사건입니다. 과학적인 담론을 주장하는 것은, 역사의 옆에 혹은 역사의 위에 위치한 어떤 것이 아닙니다. 그것은 전쟁이나 증기 기관의 발명 혹은 전염병만큼이나 역사의 일부분인 것입니다. 물론 그것은 동일한 종류의 사건은 아닙니다. 그러나 그것은 모두 사건들입니다. 광기에 대해 그렇게나 말도 안 되는 이야기를 했던 이런 저런 의사들은, 워털루 전쟁이 그런 것처럼 역사의 일부분이 아닐까요?

이제 프랑크푸르트학파의 답변이 지닌 순진한 면에 대해 이야기해야겠군요. 경제적 분석의 가치가 얼마나 중요한가를 떠나서, 경제적 구조 변화에 기반한 분석이 본질적으로 설명적 가치를 지닌다고 주장하는 것은, 나에게는 전문적 역사가가 아닌 사람들이 가지는 전형적인 순진함으로 보입니다. 경제적 분석과 설명적 가치는 필연적으로 연결된 것이 아닙니다. 예를 하나 들어보지요. 몇 년 전에, 18세기 어린 아이와 그들의 자위행위에 대한 성적 금기의 증가 원인이, 관심의 대상이 된 적이 있었습니다. 몇몇 이론가들은, 당시 결혼 연령이 높아졌고 이에 따라 젊은이들이 오랜 기간 동안 독신으로 살아야 했음을 지적함으로써, 이 현상들을 설명하고자 했지요. 그런데, 명백히 경제적 이유들과 연결되어 있는 이러한 인구학적 설명이 비록 중요하다 할지라도, 이러한 사실은 만약 다른 이유들이 추가되지 않으면, 그 금기의 기원을 설명해 주지 못합니다. 우선, 왜 결혼할 나이가 되어서야 자위행위를 시작해야 할까요? 또한, 결혼 연령의 상승이 몇 년 동안 독신으로 지내야 하는 많은 젊은이들을 낳았다는 것을 인정한다 하더라도, 왜 이러한 현상에 대한 대응이 성적 자유의 확대가 아니라 더 큰 억압이었는지에 관해서는 설명되지 않은 채 남아 있습니다. 결혼 연령이 높아진 것과 그 현상이 새로운 자본주의적 생산 양식의 등장과 연결되어 있다는 사실은, 이 문제를 이해하는 데 있어 유용할 수 있을 겁니다. 그러나 지식(savoir)이나 담론 체계의 생산을, 그것의 메커니즘과 내적인 규칙들을 가지고 분석하는 그러한 세심한 작업을 수행할 때에는, 훨씬 더 깊이 나아갈 필요가 있습니다. 그리고 아마 사람들은 필연성이라는 단일한 해답 및 설명에 도달하지 못할 것입니다. 사실 사람들이, 자신이 분석하고자 하는 것과 그와 관련한 현상들 사이에 연결고리들을 확립해 보려고만 해도, 설명은 이미 매우 많을 것입니다.

| 돗치오 뜨롬바도리 |

그렇다면 당신은 이론적 사유 행위가, 항상 역사적 재료를 특정하게 다루는 것과 연결되어 있다고 믿습니까? 그렇지만 "사유"는 역사를 해석하거나 역사를 생산하는 방식 이상의 것이지 않을까요?

| 미셸 푸코 |

나는 다음과 같은 점을 재확인하기 위해서, 나의 작업에 대해 이야기한 것입니다. 즉, 내가 생산하고자 하는 명증성(intelligibilité)은, 문화적 현상을 (사회-경제적) 역사의 필연적이고 부차적인 산

물로서 드러내기 위해 (사회-경제적) 역사를 문화적 현상에 투영하는 작업으로 환원되지 않습니다. 일방적인 필연성은 존재하지 않습니다. 문화적 산물 역시 역사적 직물(tissu)의 일부분이지요. 이러한 점이 내가 직접 역사적 분석들을 수행해야겠다고 느낀 이유입니다. 이제 당신은 나를 "역사를 부정하는 사람"이라고 일컫는 것이 얼마나 웃기는 일인가를 알 수 있을 겁니다. 나는 역사 이외에는 아무것도 하지 않았습니다.

그럼에도 왜 내가 역사를 "부정한다고" 비난 받는지를 살펴보는 것도 재밌겠군요. 이것은 명확히, 내가 다른 사람들이 관심을 쏟는 약간은 추상적이면서, 신성하고, 모든 것을 설명할 수 있을 것 같은 그런 역사적 분석들을 사용하지 않기 때문입니다. 그리고 바로 이러한 분석들을 사용하는 사람들이, 나를 보고 역사를 부정한다고 비판하는 이들이지요. 확실히 내가 원하기만 한다면, 나는 내 책의 이런 저런 부분에서 마띠에(Albert Mathiez)[2]나 다른 역사학자들을 인용할 수 있습니다. 그렇지만 나는 그들과 동일한 유형의 분석을 행하는 것이 아니기 때문에, 그렇게 하지 않습니다. 자, 이제 당신도 이해할 수 있을 겁니다. 결국 내가 역사를 거부한다는 생각은, 전문적인 역사가들보다는, 역사분석이 요구하는 초연한 동시에 공손한 관계 맺음에 대해 잘 모르는 철학자 집

2. [옮긴이] 알베르 마띠에(1874~1932)는, 프랑스 혁명 해석에 있어 권위를 인정받는 역사학자 중의 한 명이다. 주저에 『프랑스 대혁명』이 있다.

단에서 유래하는 것입니다. 역사와의 이러한 관계 맺음을 받아들일 수 없기에, 그들은 내가 역사를 부정한다고 결론짓는 것이지요.

5장

1968년 5월의 '말'과 '사물' 사이

| 듯치오 뜨롬바도리 |

파리에서의 1968년 5월 동안 그리고 그 직후에, 많은 프랑스 지식인들이 학생들의 투쟁에 동참했습니다. 그것은, 정치와의 관계 설정과 사회적 행동의 가능성 및 한계라는 문제, 즉 "참여"(engagement)의 문제를 다시금 새롭게 제기하는 경험이었지요. 그런데 당신의 이름은 그들 사이에서 발견되지 않습니다. 적어도 1970년대 초반까지, 당신은 당시 프랑스 지식인 사회의 다른 이들이 참여했던 논쟁들에서 빠져 있었던 것 같은데요, 당신은 1968년 5월을 어떻게 경험했고, 그것이 당신에게 가지는 의미는 무엇이었습니까?

알제리 전쟁 때와 마찬가지로, 나는 1968년 5월 동안 프랑스에 있지 않았습니다. 나는 여전히 약간 자리를 옮겨, 주변부에 머무르고 있었지요. 그리고 내가 프랑스로 돌아왔을 때, 이번에도 역시 나는 사물들을 이방인의 방식으로 보게 되었고, 이것은 예상 가능한 결과를 낳았지요. 즉, 사람들은 내가 말하는 것들을 쉽게 받아들이지 않았습니다. 나는 마르쿠제가 언젠가 비난조로, '5월의 바리케이드가 쳐지던 때에 푸코는 어디에 있었지?'라고 말했던 것을 기억합니다. 글쎄요, 당시 나는 일 때문에 튀니지에 있었습니다. 그리고 튀니지에서의 경험은 나에게 굉장히 중요한 것이었다고 덧붙여야겠군요.

사실, 나는 일생 동안 몇몇 사회를 관찰할 수 있는 행운을 누렸습니다. 나는 스웨덴에서 "잘" 작동하는 사회민주주의 국가를 보았고, 폴란드에서는 "서투르게" 작동하는 인민민주주의를 보았지요. 1960년대에는 경제적으로 도약하는 순간의 독일 연방 공화국을 직접 볼 수 있었으며, 마지막으로는 제3세계인 튀니지에서 살았습니다. 튀니지에는 2년 반 동안 머물렀는데, 그 곳에서의 경험은 매우 충격적인 것이었습니다. 프랑스에서의 1968년 5월 직전에, 튀니지에서도 매우 격렬한 학생들의 시위가 있었습니다. 그것은 1968년 3월에 시작돼서 한 해 동안 차례로 파업, 수업거부, 검거, 학생들의 총파업 등으로 이어졌지요. 경찰이 대학에 들어와 많은 학생들을 구타했고, 학생들은 부상당한 채 감옥에 끌려갔습니다. 그 학생들은 8년이나 10년, 심지어는 14년 형을 선고받았고, 그들 중 몇몇은 여전히 복역중에 있지요. 프랑스인 교수라는 직책 덕분에, 나는 현지 정부로부터 어느 정도 존중받고 있었고, 그에 따라 일련의 실천들을 좀더 쉽게 행할 수 있었습니다. 동시에 나는 이러한 상황에 대한 프랑스 정부의 대응들도 정확히 파악할 수 있었지요.(당시 프랑스 정부의 태도에 유감스러운 점이 많았다는 것을 덧붙여야 할 것 같군요.) 또한 나는 전 세계 다른 대학들에서 발생한 일들과의 관련 속에서 그 사건을 사고할 수 있었습니다.

이러한 격변이 벌어지는 동안에, 나는 많은 젊은 남녀 학생들이 단지 유인물을 쓰고 배포하며 파업을 호소하는 등의 일을 하기 위해 그렇게 엄청난 위험을 감수한다는 사실에 놀랐고, 아주 깊이 충격을 받았습니다. 그러한 실천들은 한 개인의 삶과 자유 그리고 그의 신체를 위협하기에 충분한 것들이었지요. 그리고 이러한 위험을 감수한 실천들이 나를 매우 감동시켰습니다. 나에게 있어 그것은 진정한 정치적 경험이었습니다.

| 둣치오 뜨롬바도리 |

그 말은 당신도 직접 정치적 실천에 뛰어들었단 이야긴가요?

| 미셸 푸코 |
그렇습니다. 〈프랑스 공산당〉에 가입하고 내가 당신에게 이미 이야기한 사건들을 거친 이후에, 나에게 정치적 경험은 약간 씁쓸한 것으로 남아 있었습니다. 나는 스스로를 일종의 사변적 회의주의에 가둬버렸지요. 이러한 점을 숨기고 싶진 않군요. 알제리 전쟁 당시에도 나는 직접적으로 그 사건에 참여할 수 없었습니다. 그리고 만약 그때 내가 참여를 했더라도, 그것은 내 개인적인 안전을 위협하지 않는 선에서 이루어졌을 것입니다. 그러나 튀니지에서 나는 학생들을 돕게 되었고, 이에 따라 정치적 담론과 제도들이 단조롭게 반복될 뿐이었던 유럽의 상황과는 전혀 다른 일들을 경험할 수 있었습니다.

예컨대, 나는 1950~1952년 우리가 학생이었을 당시에, 맑스주의가 우리들에게 무엇이었고 그것이 어떻게 기능했는지 기억하고 있습니다. 또 나는 맑스주의가 하나의 교리문답처럼 가르쳐지고, 많은 젊은이들에게 그것이 (그들의 사회적 조건을 떠나) 완전한 혐오의 대상이 된 폴란드 같은 국가에서 맑스주의가 무엇을 의미하고 있었는지도 잘 알고 있습니다. 그리고 나는 1960년대 초반 프랑스에서 벌어진, 그리고 나 역시 참여했던 맑스주의에 관한 차갑고 학술적이었던 논쟁들을 기억하고 있습니다. 그런데! 반대로 튀니지에서는 모든 사람들이 매우 격렬하고 강도 높게, 그리고 엄청난 열정을 가지고 맑스주의에 빠져들고 있었습니다. 그 젊은이들에게, 맑스주의는 단지 현실을 분석하는 하나의 방법에 그치지 않았습니다. 그것은 일종의 도덕적 힘이자 놀라운 실존적 행위(acte existentiel)였지요. 그리고 나는 튀니지 학생들이 맑스주의자가 되는 방식과 프랑스나 폴란드 같은 유럽에서 맑스주의가 작동하는 방식 간에 얼마나 큰 차이가 있는지를 깨닫고, 매우 큰 환멸과 실망을 느꼈습니다.

이런 식으로, 튀니지는 여러 가지 점에서 내가 정치적 논쟁에 다시 뛰어들 수 있는 기회를 제공했지요. 나를 바꾼 것은 프랑스에서의 1968년 5월이 아닙니다. 나를 바꾼 것은 제3세계에서의 1968년 3월이었습니다.

| 둣치오 뜨롬바도리 |

당신은 정치적 경험에 담긴 "실존적 행위"라는 특징을 매우 강조하고 있는데요, 그 이유는 무엇입니까? 당신은 그것만이 "진정성"(authenticité)을 보장해 주는 것이라고 생각하는 건가요? 당신은 튀니지 청년들이 맑스주의를 선택하는 것과 그들이 무엇을 실천할지 결정하는 문제가 서로 연결되어 있었다고 생각지는 않습니까?

| 미셸 푸코 |

내가 말하고자 하는 건 이런 겁니다. 도대체 오늘날의 세계에서

무엇이 한 개인으로 하여금, 이익과 권력을 향한 추호의 욕망이나 야망에 물들지 않은 채, 완전한 자기희생을 가능하게, 그것을 원하게 그리고 그것을 실천하게 만들 수 있을까요? 내가 튀니지에서 본 것이, 바로 이에 대한 답이었습니다. 그 곳에서는 자본주의와 식민주의, 그리고 신식민주의가 만들어낸 상황들이 참을 수 없는 것이었기 때문에, 투쟁이 필요하다는 사실은 너무나 명확했습니다. 그런데 이러한 종류의 투쟁에서는, 직접적이고 실존적인, 말하자면 신체적인 참여의 문제가 즉각적으로 수반되기 마련이지요. 결국 내가 보기엔, 이론을 참고하는 것은 그리 본질적인 것이 아니었습니다. 자, 봅시다. 튀니지 학생들에게 제공된 이론적 맑스주의는 그리 깊이 있는 것이 아니었고, 이후에도 깊이 있게 발전되지는 않았습니다. 그들 사이에 벌어진 진정한 논쟁은, 맑스주의의 다양한 해석들을 넘어서서, 전략과 전술을 선택하고 무엇을 할 것인가를 결정하는 문제였습니다. 그것은 완전히 다른 차원의 문제였지요. 투쟁을 시작하는 데 있어 정치적 이데올로기나 현실에 대한 정치적 인식은 분명히 필수불가결한 역할을 수행했습니다. 하지만 한편으로 여기에서 이론의 정교함과 과학적 성격은 완전히 부차적인 문제였지요. 토론 속에서 이러한 이론적 문제는 참되고 정확한 행동의 원칙으로서보다는, 하나의 미끼(leurre)로서 기능했습니다.

| 둣치오 뜨롬바도리 |

당신은 프랑스에서도 튀니지에서 경험한 것 같은 실천적이고 직접적인 참여의 방식들을 찾아내지 않았습니까? 1968년 5월 이후, 당신이 어떤 이유로 학생들의 투쟁과 관계를 맺어나가기 시작했는지 궁금하군요. 이를 통해 당신은 그들과의 대화를 발전시키고, 여러 경우에 그들의 편을 들곤 했는데 말이지요. 또 당신이 왜 사르트르나 장-마리 도메나크(Jean-Marie Domenach), 그리고 모리스 클라벨(Maurice Clavel) 같은 지식인들과 함께, 〈감옥정보집단〉 같은 활동에 직접 뛰어들었는지도 궁금합니다.[1]

| 미셸 푸코 |

내가 1968년 11월인가 12월에 프랑스로 돌아왔을 때, 나는 튀니지에서 내가 본 상황과 프랑스의 상황을 비교해 보고는, 매우 놀랐습니다. 아니, 실망했다는 표현이 맞을 것 같군요. 비록 프랑스

1. 푸코는 1971년 2월 도메나크를 포함한 다른 지식인들과 함께 〈감옥정보집단〉을 창설했다. 이 단체는 죄수들에게 발언의 기회를 주는 것을 목표로 하고 있었다. 〈감옥정보집단〉 운동에 대해서는, Paul Patton, "Of Power and Prisons", *Michel Foucault: Power, Truth, Strategy*, Meaghan Morris and Paul Patton eds.(Sydney: Feral Publication, 1979), pp. 109~110을 볼 것. 패튼은 다음과 같은 글들을 인용하고 있다. Marc Kravetz, "Qu'est-ce que le GIP?" *Magazine littéraire* 112/113(June, 1975) 그리고 Daniel Defert and Jacque Donzelot, "La charnière des prisons" *Magazine Littéraire* 112/113(May, 1976). [한글로 번역된 글들 중에는, 디디에 에리봉, 『미셸 푸코』 下, 박정자 옮김, 시각과 언어, 1995, 49~70쪽이 〈감옥정보집단〉 운동에 대한 비교적 자세한 설명을 담고 있다.-옮긴이]

에서의 투쟁들도 격렬하고 강도 높았지만, 그 투쟁들은 튀니지의 투쟁과 비교해 볼 때 결코 같은 대가나 희생을 치르고 있지는 않았습니다. 프랑스 대학가에 바리케이드를 치는 것과 튀니지의 경우처럼 15년간의 감옥 생활의 위험을 감수하는 것을 서로 비교할 수는 없는 일이지요. 우리는 앞서서 이미 프랑스에서의 "초-맑스주의"에 관해 이야기했습니다만, 당시 이들은 서로에 대한 저주와 각종 이론들을 쏟아내면서, 여러 분파들로 쪼개지고 있었습니다. 그리고 이러한 분열은 방해만 될 뿐이었지, 이득은 거의 없었지요. 이 모두는 튀니지에서 나를 매료시켰던 것들과 정반대되는 상황이었고, 그 때부터 나는 이러한 대책 없는 담론성(discursivité)을 가진 "초-맑스주의"의 끝없는 논쟁으로부터 거리를 두기로 결심했습니다. 그런데, 당시에는 특히 1968년에서 1969년 사이의 〈뱅센느(Vincennes)대학〉[2] 같은 곳에서는, 이러한 논쟁이 대학의 삶 그 자체였지요. 그래서 나는 특정한 상황 내에서 구체적이고 정확하고 명확한 용어로 문제를 제기하는, 그리고 현실적이면서

2. 파리 7대학을 말한다. [〈뱅센느대학〉은 1968년 12월에 문을 연 일종의 실험대학이다. 1968년 5월의 사건들에 놀란 프랑스 정부는 서둘러 고등교육 개혁에 착수했고, 그 정책의 일부분이 〈뱅센느 실험 대학〉의 설립이었다. 이 대학의 교수진은 대부분 저명한 좌파 인사들로 채워졌으며, 푸코 역시 1969년부터 2년간 이 대학 철학과 교수로 재직했다. 그러나 당시는 학생들의 학교 점거와 수업거부 등이 격렬했던 시기로 뱅센느대학의 수업은 제대로 이루어지지 않았으며, 이 시기 푸코는 학생들과 결합하여 직접적인 정치적 활동을 벌였다.–옮긴이]

개인적이고 신체적인 참여를 수반하는 일련의 실천들을 전개하고자 노력했습니다.

이러한 지점들에서 시작할 때에만, 필요한 연구와 분석들이 제안될 수 있었습니다. 〈감옥정보집단〉에서 죄수들의 문제를 다루면서, 나는 끝까지 하나의 경험으로서 그 일들을 수행하기 위해 노력했습니다. 이러한 경험을 통해서, 그리고 튀니지에서 경험하고 배울 수 있었던 것들을 통해서, 나는 『광기의 역사』나 『임상의학의 탄생』 같은 작품들에서 나를 곤란하게 했던 느슨한 결론들을 좀더 보충할 수 있는 기회를 얻을 수 있었지요.

| 둣치오 뜨롬바도리 |

1968년 5월에 관해 이야기할 때, 당신은 줄곧 그 사건의 가치를 최소화하고 싶어하는 사람처럼 말하는군요. 당신은 그 당시 사건들 속에서 기괴하고 이데올로기적인 측면만을 보는 것 같습니다. 비록 이 운동의 한계들 — 특히, 이 운동이 여러 분파로 쪼개진 것 — 에 대한 지적이 적절하다 할지라도, 나는 유럽 전역에서 벌어졌던 그러한 대중 운동 현상이 그리 쉽게 폄하될 수 있는 것이라고는 생각지 않습니다.

| 미셸 푸코 |

1968년 5월은, 의심의 여지 없이 매우 중요한 사건이었습니다. 다

만 나는 프랑스에서 운동의 쇠퇴기에 내가 겪었던 일들에 한정해서, 그 사건에 대해 논하고 있을 뿐입니다. 어쨌든 1968년 5월이 없었더라면, 나는 현재 내가 하고 있는 것들을 결코 실행에 옮길 수 없었을 겁니다. 그 사건이 없었다면, 감옥과 섹슈얼리티 등등의 것들에 대한 연구는 생각조차 할 수 없었겠지요. 이러한 점에서, 1968년의 분위기는 나에게 결정적인 것이었습니다. 나는 1968년 5월이 중요하지 않다고 말하려는 것이 아닙니다. 다만 그것의 결과 중 몇몇은, 즉 1968년 말과 1969년 초에 가장 가시적으로 표면에 드러난 측면들의 일부는, 내게 완전히 낯선 것들이었다고 말하려는 것뿐이지요. 하지만 프랑스에서도 진정으로 중요했던 것은, 그리고 많은 것들의 변화를 설명해 줄 수 있는 것은, 결국 내가 튀니지에서 배운 경험들과 같은 성질의 것이었다고 확신합니다. 차이가 있다면, 약간 우습게도, 프랑스에서 5월의 경험은, 서로에게 비난을 퍼부으면서 맑스주의를 작은 교리들로 분해했던 분파적 실천들에 의해 빛을 잃었다는 데 있겠지요.

사실상 1968년 5월로 인해 몇몇의 근본적인 변화가 있었던 것은 사실입니다. 그리고 내가 [1968년 이후에,] 1962년이나 1966년에 프랑스에 있을 때보다 훨씬 더 편안한 느낌을 가질 수 있었던 것도 사실이지요. 내가 항상 관심을 쏟았던 것들이, 공개적으로 논의되고 이해되고 평가되기 시작했습니다. 과거에 반-정신의학 운동 정도를 빼고는 별다른 호응을 얻지 못했던 많은 문제들이,

널리 유통되기 시작했지요. 그러나 앞으로 한 발 더 나아가기 위해서는 혹은 문제 속으로 더 깊이 파고들기 위해서는, 견고하지만 동시에 파편화되어 있는 분파들의 벽과 끝없는 논쟁들을 횡단하여, 그것들 속에서 출구를 만들어낼 필요가 있었습니다. 그 출구는, "지식인"과 "비-지식인" 간에 과거와는 전혀 다른 새로운 종류의 협력과, 새로운 종류의 관계 맺음을 구축하는 데 있었지요.

| 둣치오 뜨롬바도리 |

그렇지만 그러한 관계가 무엇에 기반해, 즉 어떤 내용과 이론에 기반해 세워질 수 있었지요? 더 이상 함께 "소통"할 수 있는 공통의 "언어들"이 존재하지 않았던 상황에서 말입니다.

| 미셸 푸코 |

내가 당시에 흔히 쓰이던 어휘들을 사용하지 않은 것은 사실입니다. 나는 다른 노선들을 취했지요. 그렇지만 어떤 의미에서는 몇 가지 공통적인 지점들이 있었습니다. 즉, 현실적인 문제에 대해 구체적인 관심을 가지고 있었단 점에서, 사람들은 서로 통하는 게 있었지요. 사실 당시에는 많은 사람들이 정신병 시설, 광기, 감옥 등에 열렬한 관심을 가지고 있었습니다. 그리고 다른 사람들은 의학, 삶, 죽음 같은 문제들에 관심을 가지고 있었지요. 다시 말해, 사람들은 거대한 이론적 문제들을 제기하는 매우 구체적인 실

존의 측면들에 관심을 가지고 있었던 것입니다.

| 둣치오 뜨롬바도리 |

나중에 『담론의 질서』(*L'order le discours*)라는 제목으로 출간된, 당신의 〈꼴레주 드 프랑스〉(Collège de France) 취임 강연은 1970년에 이루어졌습니다.[3] 이 강연에서 당신은 담론을 통제하는 "배제의 과정"을 분석함으로써, 지식(savoir)과 권력 간의 관계에 대한 좀더 세밀한 연구를 시작했고, 이후 권력이 진리에 행사하는 지배의 문제와 진리에의 의지의 문제는 당신 사상의 새롭고도 중요한 단계를 점하게 되었지요. 그런데 당신은 그 당시 어떻게 이러한 문제를 제기하고, 구체화할 수 있었습니까? 당신이 발전시킨 권력이라는 주제는, 1968년 청년 운동의 발흥과 어떻게 연결되어 있지요?

| 미셸 푸코 |

다음과 같은 질문을 통해서, 우리의 논의를 풀어나갈 필요가 있겠

---

3. 이에 대한 최초의 영어 번역본은, "Order of Discourse" trsns. Rupert Swyer, *Social Science Information* 10(April 1971)[한국어판: 『담론의 질서』, 이정우 옮김, 새길, 1993]이다. 그러나 더 유명한 번역본은 *The Archeology of Knowledge*[한국어판: 『지식의 고고학』, 이정우 옮김, 민음사, 2000]의 부록으로 실려 있는데, "The Discourse on Language"라는 잘못된 제목을 달고 있다. 영어 번역에 있어서 수정할 부분들에 대해서는, *Michel Foucault: Power, Truth, Strategy*, pp. 102~105를 보라.

군요. 그 때까지 나를 고민하게 하고, 나의 실존과 나의 작업을 결정했던 문제는 무엇이었을까요? 그리고 한편으로, 1968년의 청년 운동을 이끌어낸 동력은 무엇이었을까요? 예컨대, 내가 스웨덴 사회에서 경험한, 심각한 불만들의 표출이 의미하는 것은 무엇이었을까요? 그리고, 많은 부분에서 물질적인 삶의 조건이 다른 시대보다 나아졌음에도 불구하고, 폴란드에서 반복해서 확인할 수 있었던 유사한 우울함은 무엇을 암시하는 것이었을까요? 그리고 또한, 튀니지 학생들이 추구했던 급진적 반란의 분출이 가지는 의미는 무엇이었을까요? 모든 곳에서 문제가 되었던 것은 대체 무엇이었습니까?

나는 그러한 불만이, 국가나 다른 제도들 혹은 억압적 집단들이 행했던 일상생활에 대한 계속된 억압에서 기인한 것이었다고 생각합니다. 도저히 참을 수 없었던 것, 계속해서 문제시되었던 것, 그리고 그러한 종류의 불편함을 생산했던 것은, 바로 "권력"이었습니다. 여기서 권력이란, 국가권력뿐 아니라 사회 속에서 다양한 경로와 형태와 제도들을 통해 작동하는 권력까지 모두 포함하는 것입니다. 사람들은 "통치되는" 것을 더 이상 용납하지 않았습니다. 여기서 나는 "통치"(gouvernement)의 의미를 확장해 사용하고 있는데, 이 말은 국가와 국가를 대표하는 사람들의 통치만을 의미하는 것이 아니라, 규칙들을 통해서 그리고 예컨대 대중 매체처럼 직접적이건 간접적이건 간에 우리에게 영향을 주는 방식을 통해서 우리의 일상을 조직하는 사람들의 통치까지 포함하는 것입니다. 『광기의 역사』와 『임상의학의 탄생』을 쓰면서, 나는 지식의 "계보학적" 역사에 관해 연구한다고 생각했었습니다. 그러나 내 연구의 진정한 길잡이는, 바로 이러한 권력의 문제였지요. 궁극적으로, 나는 특정한 제도들이 "이성"이나 "정상성"(normalité)의 이름으로 행위, 존재, 실천, 발언의 방식을 확립하고 개인들을 비정상인 혹은 광인으로 낙인찍음으로써, 결과적으로 개인들의 집단에 권력을 행사하는 것으로 나아갔던 방식을 추적하기 위해 노력해 왔을 뿐입니다. 결국에, 나는 권력의 역사를 생산하는 작업만을 해왔던 것이지요.

한편, 1968년 5월을 되돌아보면서, 그리고 부적절하게 "초-이론화되었던" 어휘들을 뒤로 한 채, 나는 이렇게 묻고 싶습니다. 일반적으로 말해서 1968년 5월이 사회의 특정한 계층과 청년 문화에 영향을 발휘하던 권력 형태의 전체 연결망에 대한 반란이었다는 것을, 오늘날 대체 누가 부정할 수 있겠습니까? 나 자신의 경험을 포함해 이러한 다양한 경험 모두에서, 하나의 단어가 마치 보이지 않는 잉크로 쓰여졌다가 적당한 시약을 바르면 종이 위에 나타나는 메시지처럼 등장했습니다. 그것은 바로 권력이라는 단어였지요.

6장

권력에 대한 담론

| 둣치오 뜨롬바도리 |

1970년대 초반부터 오늘날까지, 당신의 "권력"에 대한 담론은 학생들, 젊은 투사들, 좌파들, 지식인들과의 대담과 토론, 그리고 논설 등을 통해 좀더 명확해지고 있습니다. 당신은 이러한 일련의 생각들을 『성의 역사 I : 앎의 의지』의 한 부분에서 요약한 적이 있지요. 그리고 일단의 비판도 이미 다양한 반응들을 통해서, 적어도 권력과 권력관계에 대한 당신의 담론이 구체화된 정도와 유사한 정도까지는 이미 모양을 갖추었습니다. 하나만 물어보지요. 여러 사람들이 말하는 것처럼, 우리는 권력에서 현실을 설명하는 새로운 원칙들을 목격하고 있는 겁니까? 아니면 권력은 이것과는 다른 문제인가요?

| 미셸 푸코 |

그 문제에 관해선 커다란 오해가 있습니다. 아니면 내가 제대로 표현을 못한 걸지도 모르지요. 나는 결코 "권력"이 모든 것을 설명할 수 있는 어떤 것이라고 가정한 적이 없습니다. 경제에 기반한 설명을 권력에 기반한 설명으로 대체하는 것은, 나의 목적이 아닙니다. 나는 권력과 관련하여 정식화된 상이한 분석들과 접근법들을 조정하고 체계화하려고 애썼지만, 그것들로부터 경험적인 것, 즉 어떤 의미에서 아직 해명되지 않은 요소들을 제거하려고 하지는 않았습니다. 나에게 권력은 설명되어야만 하는 성질의 것입니다.

현대사회에서의 경험에 대해 생각하거나 혹은 내가 수행해 온 연구들을 되돌아 볼 때마다, 나는 항상 "권력"의 문제에 부딪히게 됩니다. 이 권력의 문제란, 광기, 의학, 감옥 등등의 문제 속에서 작동하는 권력관계들과 권력의 메커니즘을 설명하는 문제로서, 어떠한 이론 체계도— 역사철학도, 일반적인 사회이론 혹은 정치이론에서도— 다루지 못했던 문제입니다. 나는 "권력관계"에 관한 이러한 일단의 아직 불명확한 문제들을 붙잡고 씨름해 왔습니다. 왜냐하면, 나는 권력이 설명될 필요가 있는 것이며, "권력관계"가 나머지 모든 것들을 설명하는 제일 원리가 아니라고 보았기 때문입니다. 이러한 이유들 때문에, 나는 항상 가장 적절하고 일반적인 설명을 제시하는 것을 목표로 하여, 점진적으로 나아가려고 노력했지요. 그러나 나는 여전히 이러한 작업의 시작점에 서 있을 뿐입니다. 나는 확실히 이에 관한 작업을 끝마친 것이 아닙니다. 또한 이러한 이유들 때문에 나는, 내게는 권력이 그 자체로 부과되는 일종의 추상적 원칙이며, 무엇보다 내가 그것을 설명하지 않았다는 주장들을 이해할 수가 없습니다. 내가 그것을 설명하지 않는다구요? 그러나 지금까지 아무도 그것을 설명한 적이 없습니다.

이러한 파악하기 어려운 문제들을 다루면서 권력에 관한 이론을 정교화할 수 있는 방법들을 살펴보기 위해서는, 한 번에 하나씩 다양한 영역들을 조사하면서 차근차근 한걸음씩 전진하는 것이 좋습니다. 그리고 이러한 방법은, 나의 진정한 문제, 즉 앎(savoir)의 구성과 권력의 행사 간의 관계에 대한 일반적인 생각들이 어떻게 정식화될 수 있는지를 살펴보는 데에도 적합합니다. 그리고 이미 말한 것처럼, 나는 오직 시작점에 서 있을 뿐입니다.

| 둣치오 뜨롬바도리 |

당신이 권력이라는 주제를 다루는 방식에 관해 한마디 하고 싶습니다. 권력의 문제를 극단적으로 파편화하거나 "국지화"(localisation)하게 되면, 우리가 문제를 파악하는 데 있어, 단순한 "집합적" 차원으로부터 권력의 문제로, 다시 말해 그 문제가 삽입되어 있는 총체성을 조망하는 것으로 나아가기가 어려워집니다.

| 미셸 푸코 |
그 문제는 사람들이 종종 나에게 물어보는 문제입니다. 즉, 사람들은 나보고 국지적인 문제들을 제기하기는 하지만, 총체적인 문제들에 관한 입장은 제시하지 않는다고 말하지요. 사실, 내가 제기한 문제들은 항상 국지적이고, 특정한 문제들과 관련되어 있습니다. 그러나 난 다음과 같은 것이 궁금하군요. 예컨대, 그러면 이것과는 다른 어떤 방식으로 광기나 정신 병동에 대해 다룰 수 있겠습니까? 우리가 문제들을 간결하고 정확한 방식으로 제기하고자 한다면, 우리는 가장 특이하고 구체적인 형태 속에서 그것들을 살펴야만 하지 않을까요?

나는 그렇게 생각합니다. 무엇보다 내게는 사회에 대해 발언해 온 거대담론 중 어느 것도 믿음이 갈만큼 확실해 보이지 않습니다. 그리고 우리가 진정으로 새롭고 다른 어떤 것을 구축하기를 원한다면, 혹은 어쨌든 현실적인 문제들에 열려진 거대한 체계를 원한다면, 자료들을 찾고 그것들이 어디에 위치할 수 있을까를 질문할 필요가 있습니다. 그리고 나는 지식인들이 학구적이고, 학술적이며, 박식한 연구들로부터 출발해서는, 그들이 살고 있는 사회의 핵심적인 문제들을 지적해 낼 수 없다고 생각합니다. 이와는 달리, "비-지식인"과 협력하는 주된 형태 중 하나는, 그들의 문제를 듣고 그들과 함께 작업하면서 다음과 같은 문제들을 정식화하는 데 있습니다. [예컨대] 정신병자들은 무엇을 말하는가? 정신병동에서의 삶은 어떠한가? 간호사의 일은 무엇인가? 병자들은 어떻게 반응하는가? 같은 문제들 말입니다.

| 둣치오 뜨롬바도리 |

아마도 제 말뜻이 제대로 전달되지 않은 것 같군요. 나는 국지적인 문제들을 제기할 필요가 있다는 것에, 그리고 만약 필요하다면 더 근본적인 방식으로 그럴 필요가 있다는 것에 반대하는 것이 아닙니다. 그리고 나는 당신이 지식인들의 작업에 관해 말한 것 역시 귀담아듣고 있습니다. 그렇지만 내가 보기엔 문제들을 특수화하여 다루는 것은, 그 문제들을 다른 문제들과 관련지어 일정한 역사적·정치적 상황에 대한 일반적 전망(vision générale) 속으로 통합하는 것을 방해하게 될 것 같습니다.

| 미셸 푸코 |

문제들을 국지화하는 것은, 이론적이고 정치적인 이유들로 인해 꼭 이루어져야만 합니다. 그러나 이러한 주장이 그 문제들이 일반적이지 않다는 걸 의미하지는 않습니다. 결국, 하나의 사회를 그것이 광기와 맺고 있는 관계 속에서 그려내는 것보다 더 일반적인 문제가 있겠습니까? 혹은 사회를 구체화된 "합리성"으로 인식하게 되는 방식보다 더 일반적인 문제는 무엇이지요? 어떠한 방식으로 사회는 "이성"에, 그리고 그 자신의 "이성"에 권력을 수

여하는 것입니까? 어떻게 이러한 합리성이 일반적인 의미에서의 “이성”으로 간주되고, “이성”의 이름으로 누군가의 권력이 다른 이들 위에 세워지게 되는 것입니까? 당신이 보다시피, 이것들은 사람들이 사회에 관해 제기할 수 있는 가장 일반적인 문제 중 하나입니다. 이것들은 사회의 기능과 역사에 관한 질문이지요. 더 살펴봅시다. 합법적인 것과 불법적인 것은 어떻게 구별됩니까? 법에 부여된 권력, 법이 사회 속에서 수행하는 분할의 효과, 법의 작동을 가능케 하는 강제 메커니즘과 같은 질문들 역시, 사람들이 사회에 관해 제시할 수 있는 가장 일반적인 문제들에 속하는 것입니다. 내가 문제들을 국지적인 차원에서 제기한다는 말은 정말 맞는 이야기입니다. 그러나 나는 그런 식으로 문제를 제기함으로써 다른 사람들에게 이러한 문제들이 일반적인 문제로 드러나도록, 아니 적어도 사람들이 기존에 일반적이라고 생각했던 문제들과 동등한 정도의 일반적인 문제로 드러나도록 할 수 있다고 믿고 있습니다. 적어도 이성의 지배는 부르주아지의 지배 못지않게 일반적인 문제이지 않을까요?

| 둣치오 뜨롬바도리 |

일반적 전망이라는 말을 통해서, 나는 핵심적으로 어떤 문제가 가진 정치적인 차원을 지적하고, 동시에 그 문제가 일정한 역사적·정치적 상황들과 연결된 더 폭넓은 실천이나 프로그램과 절합될

필요가 있다는 점을 언급했던 것인데요.

| 미셸 푸코 |

내가 보여주고자 하는 일반성은, 다른 사람들이 주장했던 일반성과 같은 유형의 것은 아닙니다. 사람들이 나를 보고 문제들을 국지화했다고 비난할 때, 그들은 문제를 명백히 하기 위해 내가 사용하는 분석의 국지적 성격과, 기존의 역사가들, 사회학자들, 경제학자들 등등에 의해 논의되어 온 일반성의 관념을 혼동하고 있는 것입니다.

내가 제기한 문제들은, 어떤 정당이나 거대한 이론 연구 기관에서 보통 제안하는 문제들보다 덜 일반적인 문제들이 아닙니다. 예컨대, 공산당이나 사회당은 "이성"이 "비이성"에 대해 가지는 권력을 밝히는 것을 그들의 작업 과제로 설정하지 않았습니다. 아마도 그런 것들은 그들의 과제가 아니겠지요. 그러나 그러한 문제들이 그들의 과제가 아니라면, 그들의 과제가 꼭 나의 문제가 되어야 할 이유도 없는 것이지요.

| 뜻치오 뜨롬바도리 |

당신의 주장은 전적으로 일리가 있습니다. 다만 그렇다면 당신은 자신의 담론을 "정치적인" 차원으로 개방하기를 피한다는 사실, 혹은 그러한 시도에 대해 부정적이라는 사실을 인정하는 것처럼

보이는데요.

| 미셸 푸코 |

당신이 원한다면, 문제를 다른 식으로 제기해 보도록 하지요. 우리 사회를 조직하고 합의의 기준을 결정하는 거대한 이론적-정치적 기구들이, 내가 그토록 밝히고자 노력했던 진정으로 일반적인 문제들에 대해 지금까지 대응하지 않았던 이유는 무엇일까요? 내가 모든 사회에 일반적이고 우리의 역사에 있어 매우 중요한 광기의 문제를 제기했을 때, 도대체 왜 그들의 반응은 처음에는 침묵, 그 다음에는 이데올로기적 비난이었을까요? 내가 몇몇 사람들과 함께 프랑스의 감옥이 가진 문제들을 구체적으로 제기하기 위해, 출소자와 간수들 그리고 죄수들의 가족과 작업하고 있을 때, 〈프랑스 공산당〉이 어떻게 반응했는지 아십니까? 파리 교외 지역의 당 기관지 중 하나는, 우리가 이런 작업을 하면서도 왜 아직까지 체포되지 않는지 의아해하면서, 우리와 경찰 사이에 뒷거래가 있었으며, 그 결과 경찰이 우리의 작업을 용인해 주고 있다고 주장했습니다.

그러므로 나는 사람들이 나를 보고, '당신은 정당에 의해 제기된 커다란 문제들과 관련해서 입장을 취하지도 않고, 일반적인 문제들을 제기하지도 않는다.'고 비난할 수 없다고 생각합니다. 실제로 나는 일반적인 문제들을 제기했고, 그로 인해 비난받았습니다. 그리고 그러한 비난이 더 이상 통하지 않거나 내가 제기한 문제들이 중요한 것으로 인식되었을 때에는, 문제들의 전체적인 계열을 "일반적인" 차원에서 발전시키지 못한다고 비난받았지요. 그러나 나는 그러한 유형의 "일반성"을 거부합니다. 무엇보다 그 말의 주된 효과는, 내가 문제를 제기하는 방식을 비난하거나 내가 수행한 작업으로부터 나를 배제하는 데 있는 것 같습니다. 당신들은 왜 내가 제기하는 일반적인 문제들을 거부하는 겁니까? 이렇게 물어야 할 사람은, 바로 나입니다.

| 둣치오 뜨롬바도리 |
감옥에 대한 당신의 작업과 관련된 일화는, 미처 몰랐던 내용이군요. 하지만 나는 당신과 프랑스 정치와의 관계, 특히 〈프랑스 공산당〉과의 관계를 문제삼고 싶지는 않습니다. 나는 좀더 일반적인 문제를 제기하는 것이니까요. 모든 국지적 문제들에서조차, 사람들은 항상 정치적인 차원에서 해결책을 찾아야 할 필요성과 마주치게 됩니다. 비록 그 해결책이 일시적이거나 순간적인 것이라도 말이지요. 이런 이유 때문에 사태를 파악할 때는 하나의 제한된 분석으로부터, 변화와 변환의 과정이 진행될 수 있는 현실적인 가능성에 대한 모색으로의 관점 전환이 필요하게 됩니다. 정치적인 것은, 이러한 국지적인 상황과 일반적인 틀(cadre) 간의 균형 속에서 기능하지요.

| 미셸 푸코 | 이것도 사람들이 내게 자주하는 말이지요. '당신은 자신이 제기한 문제에 대해 구체적인 해결책을 이야기하지 않는다. 즉, 당신은 제안을 하지 않는다. 반면에, 정당들은 특정한 사건들에 대해 일정한 입장을 고수한다. 당신은 그런 태도를 통해, 정당에 어떤 도움도 주지 않는다.' 이러한 말들에 대해 난 다음과 같이 대답합니다. 핵심적으로 나의 정치적 선택(이 용어의 가장 넓은 의미에서)과 관련된 이유들 때문에, 나는 결코 해결책을 처방하는 역할을 수행하길 원치 않습니다. 나는 오늘날 지식인의 역할이 규칙을 설립하거나 해결책을 제안하거나 혹은 이런저런 예언을 하는 데 있다고 보지 않습니다. 그렇게 함으로써 지식인은, 권력이 특정한 상황(내가 보기엔, 비판받아야 마땅한 상황)에서 작동하는 데 도움을 줄 뿐입니다.

나는 왜 정당들이 해결책을 제안하는 지식인들과 관계 맺는 것을 선호하는지 잘 알고 있습니다. 그런 식으로 정당들은 하나의 동맹관계를 설립할 수 있기 때문입니다. 지식인은 제안하고, 정당은 그것을 비판하거나 다른 대안을 정식화하는 식으로 말이지요. 나는 이러한 당의 분신(alter ego)이나 대역, 알리바이로 기능하기를 거부합니다.

| 듯치오 뜨롬바도리 |

그러나 어쨌든 당신의 저작과 논설, 평론 등은 하나의 "역할"을 가지고 있지 않습니까? 당신은 그것이 무엇이라고 생각합니까?

| 미셸 푸코 |

나의 역할은 문제들을 효과적이자 현실적으로 설명하는 것입니다. 즉, 이러한 문제들에 대한 해결책이 몇몇 개혁적 지식인이나 정당의 두뇌진의 생각을 통해서 단번에 제출되는 일이 없도록, 문제들을 가능한 한 엄격하게 그리고 최대한 복잡하고 어렵게 제기하는 것이지요. 내가 제기하는 문제들, 즉 일상생활과 관련된 성, 광기, 범죄 등의 복잡함은, 쉽게 해결될 수 없는 성질의 것입니다. 그 문제들을 사람들이 직접적으로 관련된 풀뿌리 수준에서 해결하기 위해서는, 그리고 발언과 정치적 상상의 권리를 사람들에게 되돌려주기 위해서는, 수년 혹은 수십 년의 작업이 필요할 겁니다. 그러나 그 때서야 우리는 현재 제기되는 해결책들이 결국에는 막다른 골목에 이르게 되는 상황을 뒤바꾸는 데 성공할 수 있을 것입니다. [그래서] 나는 법칙들을 만드는 것을 삼가려고 노력합니다. 오히려 나는 아주 복잡한 작업틀 속에서 문제들을 결정짓고, 이것들을 밝히고 풀어나감으로써, 다른 사람들을 위해서 그리고 그들 위에서 말하는 예언가와 입법자들이 침묵하도록 만들고자 합니다. 바로 그 순간에, 문제의 복잡성이 사람들의 삶과의

관계 속에서 드러날 수 있을 것이고, 그 결과 공통의 계획이 가진 정당성이 구체적인 문제들, 어려운 사건들, 혁명적 운동들, 성찰들 그리고 증거들을 통해 뚜렷해질 수 있을 것입니다. 그렇습니다. 목적은 한 번에 조금씩 나아가는 것입니다. 비록 해결책을 찾지는 못하더라도, 적어도 문제들의 기존 형태를 변화시킬 수 있는 가능한 변경들을 도입하면서 말이지요.

이것 모두는 사회적인 과제입니다. 나는 사회체 안에서 활동하면서, 특정한 문제들을 가지고 이러한 작업에 힘을 불어넣고 싶습니다. 그리고 나는, 나를 포함한 어떤 전문가에게도 그 책임을 위임하는 것 없이, 나 스스로 이러한 작업에 참여할 수 있기를 원합니다. 이러한 실천을 통해, 사회 자체의 한 복판에서 문제의 여건들을 변경시키고, 막다른 골목에서 벗어나야 합니다. 요컨대, 우리는 대변인들과 관계를 끊어야 하는 것이지요.

| 둣치오 뜨롬바도리 |

나는 당신에게 구체적인 예를 들려주고 싶군요. 몇 년 전에, 한 소년이 그의 아버지를 죽인 사건으로 인해 이탈리아의 여론이 들끓었던 적이 있습니다. 그 소년은 어머니와 자신에게 가해진 폭력과 학대를 견디지 못하고, 아버지를 살해하게 되었지요. 이런 경우처럼, 부모의 폭력 행위가 극단에 다다랐을 때 행해진 미성년자의 살인을 어떻게 판결할 수 있을까요? 판사는 당황했고, 여론

은 완전히 극단으로 나뉘었으며, 격론이 오고갔지요. 이것은 비록 일시적일지라도 하나의 해결책이 찾아져야만 하는, 매우 미묘한 문제입니다. 그리고 여기에 정치적 선택과 균형의 결정적 기능이 있습니다. 자신의 아버지를 죽인 소년은 상대적으로 가볍기는 했지만, 어쨌든 현존하는 형법에 의해 유죄판결을 받았습니다. 하지만 당연히 이 사건은 오늘날에도 논란의 대상이 되고 있지요. 이러한 종류의 상황에서는 하나의 입장을 취하는 것이 반드시 필요하지 않을까요?

| 미셸 푸코 |

몇몇의 이탈리아인들이 나에게 그 사건과 관련해 논평을 해달라고 요구하기도 했습니다. 이에 대해 나는 그 사건에 대해 잘 모르며, 의견을 밝힐 수도 없다고 대답했지요. 비슷한 시기에 프랑스에서도 유사한 사건이 있었습니다. 지금은 30세인 한 남자가 그의 아내를 죽인 후에, 12살 난 소년을 강간하고, 망치로 죽여버린 사건이었지요. 살인자는 10세에서 25세까지 정신 병동에서 거의 15년 이상을 보낸 사람이었습니다. 즉, 사회와 정신의학자, 의학 제도들은 그가 책임 능력이 없다(irresponsable)고 선언하고 그를 자신들의 관리하에 두어, 결과적으로 그로 하여금 끔찍한 환경 속에서 살게 했던 것이지요. 그리고 그는 정신 병동에서 나온 지 2년도 채 안 되어, 그렇게 무시무시한 범죄를 저질렀습니다. 그런

데 이 사람의 경우, 어제까지는 책임 능력이 없다고 이야기되다가, 갑자기 이 사건에 책임을 져야 하는 사람이 되었습니다. 그러나 이 이야기에서 가장 놀라운 것은, 살인자 자신이 다음과 같이 이야기했다는 점입니다. "맞습니다, 나는 이 사건에 책임이 있습니다. 당신들이 나를 괴물로 만들었고 그 결과 나는 괴물이 되었습니다. 그러니 내 목을 자르십시오." 그는 종신형을 선고받았습니다.

내가 〈꼴레쥬 드 프랑스〉(Collège de France)에서 정신병 감정(鑑定)에 관한 강의를 진행한 적이 있었기 때문에,[1] 살인자의 변호사 중 한명(그는 나와 함께 이 주제에 대해 연구했었지요)이 나에게 언론에 이 사건에 관한 입장을 밝혀달라고 요구했습니다. 나는 그 제안을 거절했습니다. 그렇게 한 것이 마음 편하지는 않습니다만, 예언자나 감찰관의 역할을 수행하는 것이 무슨 의미가 있겠습니까? 나는 내게 주어진 "정치적" 역할을 받아들이지 않았습니다. 나의 역할은, 문제를 전체적인 복잡함 속에서 드러내어 의심과 불확실함을 유발함으로써, 어떠한 개혁가나 정신의학자 단체의 대표자도 "이것이 바로 우리가 할 일입니다."라고 말할 수 없게 만드는 데 있습니다. 이러한 작업은 다른 경우들보다, 예컨대 내가 정신병 진단 문제를 단기간 동안 규제하는 새로운 법의

1. [옮긴이] 1974년에서 1975년 사이에 이루어진 이 강의는 한국어로 번역되어 있다. 미셸 푸코, 『비정상인들』, 박정자 옮김, 동문선, 2001.

초안을 짜는 작업을 요청받을 경우보다, 훨씬 더 근본적인 변화를 목표로 하는 매우 노력을 요하는 고역입니다.

문제는 훨씬 더 복잡하고, 뿌리 깊은 것입니다. 그 문제는 하나의 기술적인 문제로 보입니다만, 의학과 정의 간의 관계뿐 아니라, 법과 "지식"(savoir) 간의 관계—즉, 과학적 지식이 법의 산물인 하나의 체계 내부에서 작동하는 방식—까지 포함하는 의미심장한 문제입니다. 그것은 매우 방대하고 엄청난 문제이지요. 그래서 나는 다음과 같이 말하겠습니다. 이런 저런 입법자—철학자든지, 정치가든지 간에—에게 새로운 법을 만드는 일을 떠맡김으로써, 문제의 규모를 줄이는 것이 어떤 의미가 있습니까? 가장 중요한 것은, 극복하기 어려운 법과 지식 사이의 이러한 갈등을 사회의 깊숙한 지점에서 작동시켜, 그 결과 사회가 스스로 법과 지식 간에 다른 관계들을 규정할 수 있도록 만드는 것입니다.

| 둣치오 뜨롬바도리 |

당신은 시민사회 내에서의 운동을 통해, 법과 지식 간의 새로운 균형이 찾아질 거라고 희망하는 것 같습니다. 하지만 나는 그러한 "자율적 운동"(automatisme)에 대해 그리 낙관적이지 않습니다.

| 미셸 푸코 |

나는 일부러 시민사회(société civile)라는 용어를 사용하지 않았

습니다. 왜냐하면 전통적인 정치 이론이 주장해 온 국가와 시민 사회의 이론적 대당이 그다지 유용하지 않다고 생각하기 때문입니다. 그리고 이러한 이유로, 나는 권력의 일반적인 정식이나 기반을 찾기보다는 권력이 행사되고 나타나는 장소 속에서 그것을 이해함으로써 권력의 문제를 제기하는 방향으로 나아갔습니다. 예컨대, 나는 권력의 소유를 박탈당한 시민사회에 주권을 행사하는, 권력의 소유자로서의 국가라는 생각을 받아들이지 않습니다. 바로 이러한 이유들로 인해, 나는 국가와 시민 사회에 관한 이론적 구분이 타당하지 않다고 생각합니다.

| 둣치오 뜨롬바도리 |

그것은 그렇다 치더라도, 당신의 제안은 "정치적인" 차원을 회피하고 정당이나 제도의 차원에서 고려되는 사회적 문제의 부수적이고 복잡한 부분만을 고려함으로써, 다른 문제들로 관심을 돌려버리는 결과를 가져올 위험이 있지 않을까요?

| 미셸 푸코 |

좌익분파에서 제기되어 온 또 하나의 오래된 비판이군요. 내가 일반적이고 보편적인 문제들에 대한 관심을 분산시키기 위해 특정한 문제들을 제기한다는 비판 말입니다. 반복해서 말하겠습니다. 내가 제기하는 문제는 일반적인 것입니다. 그것은 아마도 다른

문제들보다 더 일반적인 문제일 겁니다. 우리는 지식의 형성과 순환, 사용이 기본적인 문제인 사회 속에 살고 있습니다. 자본의 축적이 우리 사회의 핵심적 특징이라면, 지식의 축적 역시 이에 뒤지지 않습니다. 게다가 지식의 행사와 생산, 축적은 권력의 메커니즘과 분리될 수 없습니다. 이 둘 사이에는 반드시 분석되어야 할 복잡한 관계가 존재하지요. 16세기 이래로 사람들은 지식의 형식 및 내용의 발달이, 인간본성(humanité)의 해방을 보장하는 가장 커다란 요소라고 믿어왔습니다. 이러한 생각은 전세계를 가로질러 보편화된 우리 서구 문명의 거대한 공준(公準)이었습니다. 그러나 거대한 지식 체계의 형성이, 예속화와 지배의 효과와 기능을 함께 가지고 있는 것 역시 사실이며, 내가 이러한 사실을 주장한 첫 번째 사람도 아닙니다.(이러한 사실은 이미 프랑크푸르트학파에 의해 확인되었지요.) 따라서 우리는 지식의 발달이 반드시 해방을 보장한다는 기본전제를 완전히 재조사해야만 합니다.

이것이 일반적인 문제가 아닙니까? 당신은 이러한 담론이, 정당이 제기한 문제들에 대한 관심을 다른 곳으로 돌려버린다고 믿습니까? 물론 이것들은 정당이 정식화한 일반성의 유형에 들어맞는 것은 아닙니다. 정당은 기본적으로 자신들의 강령에 맞는, 자신의 지지자들의 단결 요소로 작동하는, 혹은 선거 전술에 통합될 수 있는, 코드화된 일반성만을 인정합니다. 그러나 특정한 문제가 정당에 의해 코드화되고 인정된 일반성의 필터를 통과하지 않았다고 해서, 그 문제가 국지적인 것이며 단지 주의를 다른 데로 돌려버리는 것으로 정의되는 것은 참을 수 없습니다.

| 둣치오 뜨롬바도리 |

권력의 문제를 다루면서, 당신은 국가의 수준에서 행사되는 권력의 효과와 다양한 기구들 속에서 드러나는 권력의 효과들을, 직접적으로는 구분하지 않는 것 같습니다. 이런 점 때문에, 몇몇 사람들은 당신에게 있어 권력은 말하자면 얼굴을 가지지 않은, 편재하는 것이라고 이야기하기도 했는데요. 그렇다면, 예를 들어 "전체주의" 체제와 "민주주의" 체제 간에는 어떤 차이점도 없는 것인가요?

| 미셸 푸코 |

나는 『감시와 처벌』에서 교육과 인성 형성을 통해 개인에게 작동한 권력 유형이, 서구에서의 자유주의적 체제(régime) 및 이데올로기의 등장과 어떤 식으로 연결되어 있는지를 보여주려 했습니다. 다른 정치·사회 체계 — 예컨대, 절대왕정이나 봉건제 등등 — 에서는, 개인들에 대한 이와 유사한 방식의 권력 행사가 불가능할 것입니다. 나는 항상, 예컨대 18세기 유럽에서의 훈육체계의 형성 같은 정확하고 국지화된 현상만을 분석해 왔습니다. 내가 이러한 작업을 한 것은, 서구 문명화가 모든 면에서 하나의 "훈육적 문명화"와 동일한 것이라고 주장하기 위해서가 아닙니다. 훈육

의 체계는 한 집단에 의해 다른 집단에 부과되는 것입니다. 거기에는 통치자와 피통치자 간에 구별이 존재하며, 나는 이러한 점을 강조해 왔습니다. 그 후에 나는 왜 그리고 어떻게 이러한 체계가 특정한 시기에, 특정한 국가에서, 특정한 필요들에 조응하면서 발생하게 되었는지에 대해 적절히 설명하고자 노력했지요. 즉, 나는 사회가 시대나 지리적 위치에 따른 고유성을 갖지 않는다고 이야기하지 않았습니다. 나는 사람들이 어떻게, 예컨대 전체주의 체제와 그렇지 않은 체제 간의 차이를 설명하지 못했다고 나를 비난할 수 있는지 정말 모르겠습니다. 18세기에는, 근대적 의미의 전체주의 국가는 존재하지도 않았어요.

| 둣치오 뜨롬바도리 |

그러나 당신의 연구가 근대성의 "경험"에 대한 것이라고 한다면, 그로부터 끄집어낼 수 있는 교훈은 무엇이겠습니까? "민주주의" 사회와 "전체주의" 사회에 존재하는 권력과 지식 간의 관계라는 거대하고 쉽게 풀리지 않는 문제에 초점을 맞추다 보면, 양자 사이에 실질적인 차이가 없다는 결론에 도달하게 됩니다. 다시 말해, 당신이 분석한 권력의 메커니즘은 근대 세계의 모든 사회에서 동일하게 혹은 거의 유사하게 작동하는 것입니다.

| 미셸 푸코 |
이런 식의 반박을 들으니, 『광기의 역사』를 읽고 나서 '푸코가 우리를 공격하고 있다'고 말한 정신의학자들이 떠오르는군요. (그러나 그 책은 18세기와 관련된 사실들을 다루고 있을 뿐입니다.) 그들이 나의 책에서 그들 자신의 모습을 발견한다면, 그것은 나의 잘못이 아닙니다. 이것은 아마도 사물들의 전체적인 계열들이 아직까지 바뀌지 않았음을 증명해 줄 뿐입니다.

감옥에 관한 책을 썼을 때, 나는 대중 민주주의 체제의 감옥이나 소련의 감옥에 대해 이야기하지 않았습니다. 나는 18세기 프랑스의 감옥에 대해 이야기했을 뿐입니다. 그 분석은 1840년까지만을 다루고 있으며, [역사적 · 지리적으로] 한정된 과정들을 분석하고 있을 뿐입니다. 그런데, 그 책을 보고 당신은 이렇게 말하는군요. '그렇다면, 당신은 전체주의 체제와 민주주의 체제가 서로 구별된다고 보지 않는군요!' 왜 그렇게 생각하죠? 그런 식의 반응은, 사람들이 내가 말한 것들을 결국엔 지금 시기의 문제들로 인식하고 있다는 사실을 보여주는 것입니다. 당신이 내가 말한 바를 소련에 적용하든, 서구 국가들에 적용하든, 그건 내가 상관할 바가 아닙니다. 다만 사람들이 그렇게 인식했다는 사실은 중요하지요. 나는 문제들을 역사적으로 정해진 시기에 명확히 위치 짓는 것이 중요하다는 걸 보여주려 노력한 사람입니다만, 다른 사람들은 자신들이 차이점들을 이해하지 못하겠다는 반응을 보이더군요.

일단 이 점이 명확해졌다면, 나는 권력의 기술들이 역사적 과정 속에서 하나의 영역에서 다른 영역으로(군대에서 학교로 등등) 옮겨질 수 있다고 덧붙이고 싶군요. 권력 기술들의 역사는, 발전하는 경제적 과정에 대해 상대적인 자율성을 가지고 있습니다. 라틴 아메리카 노예 식민지에서 사용되었던 권력의 기술들이, 19세기 영국이나 프랑스에서 다시 나타났다는 사실을 생각해 보십시오. 이런 식으로 권력 기술의 역사에는 절대적이지는 않지만, 상대적인 자율성이 존재합니다. 그러나 이러한 주장이, 권력의 메커니즘이 한 사회의 성격을 규정하는 충분조건이라고 주장하는 것은 결코 아닙니다.

강제 수용소(camps de concentration)[2]는 어떨까요? 이것은 원래 영국의 발명품입니다. 그렇지만, 이러한 사실이 영국이 전체주의 국가임을 의미하는 것도, 그러한 주장을 뒷받침하는 것도 아닙니다. 만약 유럽의 역사에서 전체주의적이지 않았던 국가를 하나 꼽으라고 한다면, 그것은 영국이 될 것입니다. 그러나 영국은 전체주의 체제의 핵심도구인 강제 수용소를 발명해 냈지요. 이러한 점은 권력 기술의 이동을 보여주는 하나의 예라고 할 수 있습

2. [옮긴이] 강제 수용소는, 전쟁 시기 중요 전쟁 지역의 정치범이나 외국인 혹은 특정 종족이나 종교 집단을 구금하기 위해 창설되는 기관을 말한다. 이 강제 수용소는 영국이 제 2차 보어 전쟁 때 고안해 냈다는 것이 정설이다. 이후 강제수용소는 나치의 유태인 수용소나 소련의 굴락 등으로 연결되면서 전체주의 체제의 상징이 되었다.

니다. 그렇지만, 나는 결코 민주주의 체제와 전체주의 체제에 동일하게 강제 수용소가 존재한다는 사실이, 두 사회 간의 차이점이 없음을 의미한다고 생각한 적도, 그렇게 말한 적도 없습니다.

| 둣치오 뜨롬바도리 |

잘 알겠습니다. 그러나 일반인의 "공통적 생각"의 형성에 있어서 당신 담론이 가져올 결과와 그것의 "정치적인" 기능에 대해 잠시 생각해 보지요. 권력의 기술들에 대한 엄격하지만 제한된 분석은, 현대의 정치 · 사회 체제가 직면한 중요한 선택과 가치들과 관련해서, 일종의 무관심주의(indifférentisme)를 야기하지는 않을까요?

| 미셸 푸코 |

나는 그 체제가 내세웠던 "원칙들"의 이름으로 특정한 정치체제에게 면죄부를 주는 경향을, 그다지 신뢰하지 않습니다. 극도로 강압적인 권력 기술을 발달시킨 것은, 바로 민주주의였습니다. — 아니, 19세기에 발전한 자유주의라고 말하는 것이 더 좋겠군요. 이러한 강압적인 권력 기술은, 어떤 의미에서는 경제적 · 사회적 영역에서의 "자유"와 균형을 맞추는 기능을 했습니다. 확실히 개인은 특정한 방식으로 조련되지 않고는 "자유로워질" 수 없었지요. 민주주의가 어떻게 그리고 왜 권력 기술들의 망을 필요로 했으며 지금도 필요로 하는지에 대해 설명한 것이, 왜 민주주의의

특유성을 오해한 것인지 잘 모르겠습니다. 만약 이러한 권력 기술들이 전체주의적 체제에 의해 채택된다면? 글쎄요, 왜 사실들을 개별화하여 명확히 하는 것이, 두 체제와 두 현실 간의 차이를 소멸시키는 것으로 이해되어야만 하지요? 어쨌든 "가치"의 차이는, 차이점들에 대한 분석과 연결되어야만 확인될 수 있는 것입니다. 만약 이것이 저것보다 더 좋다고 말할 수 있으려면, 먼저 어떤 것이 이런 저런 것들로 이루어져 있다고 말해야만 하는 것 아닙니까?

나는 지식인으로서 도덕주의자나 예언가 행세를 하고 싶지 않습니다. 예컨대, 나는 서구 국가들이 동구 사회주의 국가들보다 더 낫다는 식의 이야기는 하고 싶지 않습니다. 대중은 정치적으로 그리고 도덕적으로 성숙해 왔으며, 개인적으로나 집단적으로 무언가를 선택하는 것은 그들의 몫입니다. 중요한 것은 체제가 무엇으로 이루어졌는지 그리고 그것이 어떻게 기능하는지를 보여줌으로써, 거짓 선전과 신비화 전체를 방지하는 것입니다. 그러나 선택은 대중 자신들에 의해 이루어져야만 하겠지요.

| 둣치오 뜨롬바도리 |

2~3년 전에, 신철학(Nouveaux philosophes)[3]이 프랑스에서 퍼져

3. [옮긴이] 1968혁명 이후, 앙드레 글뤽스만(André Gluksmann)과 베르나르-앙리 레비(Bernard-Henry Levi) 등을 필두로 해 등장한 철학사조를 말한다. 이들은 맑스주

나갔습니다. 이들의 사상은, 간단히 말해 "정치에 대한 거부"에 기반하고 있는데요, 이들에 대한 당신의 견해나 입장은 무엇입니까?

| 미셸 푸코 |

난 신철학자들에 대해 잘 알지 못합니다. 나는 그들의 저작을 거의 읽지 못했지요. 그러나 그들이 주장한다고 여겨지는 테제— 즉, "주인"(maître)은 언제나 "주인"이고, 무슨 일이 일어나든지간에 우리는 갇혀 있다는 주장— 에 따르면, 사물들은 항상 같은 상태로 존재합니다. 나는 이것이 실제로 그들의 기본 테제인지는 잘 모르겠습니다. 다만 이러한 테제는 나의 사상과는 정확히 반대되는 것입니다. 내가 정확하고 특이한 분석들을 수행하려 노력하는 이유는, 사물들이 어떻게 변환되는지 그리고 그것들이 어떻게 바뀌고 변경되는지를 밝히기 위해서입니다. 권력의 메커니즘을 연구할 때, 나는 그것들의 특유한 성격을 분석하려고 노력합니다. 즉, 그 자신의 법을 강요하는 "주인"이라는 생각은 나에게 있어 매우 낯선 것이지요. 나는 주인이란 개념도, 법의 보편성이란 개념도 받아들이지 않습니다. 대신에, 나는 권력의 현실적인 작동 메커니즘을 이해하려고 고심해 왔습니다. 내가 이 작업을 한 이유는, 그 권력관계 속에 위치한 사람들이, 실천과 저항, 반란을 통

의를 포함한 거대철학의 해방적 전통이, 역사 속에서 전체주의 등 최악의 정치적 기획을 도왔다며, 이를 비판하였다.

해 그것들로부터 탈출하고, 그것들을 변환시켜 더 이상 예속되지 않을 수 있기 때문입니다. 그리고 '내가 무엇을 해야만 한다.'고 말하지 않았다면, 그것은 할 수 있는 게 아무것도 없다고 믿었기 때문이 아니라, 반대로 자신이 속한 권력관계를 인식하고 그것에 저항하여 그것으로부터 탈출하고자 결심한 사람들 자신에 의해 고안되고, 계획될 수 있는 수많은 할 일들이 존재한다고 생각했기 때문입니다. 이렇게 볼 때, 내 모든 연구는 절대적 낙관주의에 기반하고 있습니다. 나는 '이것이 사물들이 존재하는 방식이요. 당신이 어떻게 갇혀 있는지 보시오.'라고 말하기 위해 분석을 행한 것이 아닙니다. 나는 사물들이 변형될 수 있다고 믿는 한에서만 그것에 대해 말해 왔습니다. 나는 나의 작업이 이러한 목적에 도움이 될 수 있다고 생각했기 때문에, 그 모든 것을 할 수 있었지요.

| 둣치오 뜨롬바도리 |

당신이 1978년 12월 1일에 『루니따』지에 보냈던 편지의 내용을 상기시켜 주고 싶군요. 그 편지에서 당신은 이탈리아 공산당 지식인들과 만나, 다양한 주제에 대해 토론하고 싶다는 의사를 밝혔습니다. 당신이 제안한 토론 주제들을 인용해 보지요. "자본주의 국가와 사회주의 국가의 기능, 이러한 다양한 종류의 국가들의 특징적인 사회 유형, 세계의 혁명 운동이 쟁취한 성과, 서유럽 정당들의 조직과 전략, 정도의 차이는 있지만 모든 곳에서 이루어지고

있는 안보기구와 억압장치들의 발달, 국지적인 투쟁들을 일반적인 차원의 투쟁과 연결시키는 어려움들…" 당신은 이 주제들에 대한 토론이 논쟁(polémique)이나 대담자 간의 거리를 더욱 넓히는 게 되어서는 안 되며, 오히려 연구의 중요성과 그들을 갈라놓은 차이를 밝히는 것으로 나아가야 한다고 말했습니다. 당신의 이러한 제안이 가지는 의미가 무엇인지, 상세히 이야기해 줄 수 있겠습니까?

| 미셸 푸코 |

글쎄요, 그것은 토론을 가능하게 하기 위한 기초로서, 토론 주제들을 강조하기 위한 것이었습니다. 사실 내가 보기엔, 최근의 경제적 위기를 통해서, 그리고 "부유한" 국가와 "가난한" 국가(즉, 산업화된 국가와 산업화되지 않은 국가) 사이에 벌어지고 있는 극심한 대립과 갈등을 통해서, "통치"의 위기가 등장했다는 사실이 명확해진 것 같습니다. 여기서 "통치"라는 말은, 정부에서부터 교육 등등까지를 모두 포함한, 사람들의 행위를 지도하는 일단의 제도와 실천들을 의미합니다. 기존에 사람들의 "통치"를 보장해 주던 이러한 일단의 과정들, 기술들, 방법들이, 오늘날 사회주의 사회와 서구 사회 모두에서 위기에 봉착한 것 같습니다. 두 세계 모두에서 사람들은 그들이 지도되는 방식에 점점 더 불안해하고, 괴로워하며, 참을 수 없어 하고 있지요. 그리고 이러한 사실은 일

상생활에서의 분산된 저항형태로, 때로는 일상생활뿐 아니라 다른 보편적인 선택과 관련된 문제들(예컨대, 핵 문제들과 관련된 반응들이나 이런 저런 경제적 블록 속에 편입될 것인가와 관련된 문제들)에 대한 반란의 형태로 표출되고 있습니다.

물론 역사는 결코 두 번 반복되지 않으며 비극이 희극의 형태로 되풀이되지도 않습니다만, 어쨌든 나는, 서구의 역사 속에서 현재 우리의 시대와 몇 가지 면에서 유사한 시대를 찾아낼 수는 있다고 생각합니다. 내가 보기에, 현대 사회는 중세 말기와 매우 유사합니다. 과거 15세기에서 16세기 사이에 사람들에 대한 "통치"의 전면적인 재조직화가 이루어졌습니다. 그리고 이러한 과정에서 프로테스탄티즘의 등장과 거대한 국민-국가의 형성, 절대왕정의 성립, 각 국가별로의 영토 분할, 반-종교개혁 운동, 가톨릭 교회와 세속 사회 간 새로운 존재 양식의 등장 같은 사건들이 발생했지요. 그리고 이러한 사건들은 개인적인 관계들과 사회적·정치적 관계들 모두에서, 사람들을 통치·관리하는 방식의 전면적 개편을 가져왔습니다. 내가 보기에, 오늘날 우리는 또 다시 통치의 위기를 경험하고 있는 것 같습니다. 모든 관계들이 의문시되고 있으며, 이러한 문제제기를 이끄는 사람들은, (현존하는 어려움을 인식할 수밖에 없는) 관리자나 통치자가 아닙니다. 나는 우리가 "통치"의 문제를 광범위하게 재평가해야 하는 거대한 위기의 출발점에 서 있다고 확신합니다. 나는 비록 국지적인 것들일

지라도, 이와 관련된 문제를 제기하려고 항상 노력해 왔습니다. 그러나 이러한 상황과 관련해 이루어진 논쟁들은, 아직까지 우리가 전진하는 데 있어 별다른 도움이 주지 못했던 것 같습니다. 예컨대, 정당들은 이 문제의 일반성을 중요하게 생각지 않는 것 같더군요.

| 돗치오 뜨롬바도리 |

이 같은 연구와 관련해서, 당신은 "분석의 도구들이 전혀 없는 것은 아니지만, 불확실하다."고 말한 적이 있습니다. 그리고 각각의 연구들이 출발하는 지점과 취하는 방향들 그리고 결론들은 매우 다양할 수 있지요. 그런데, [이런 상황에도 불구하고] 당신은 논쟁을 넘어서는 어떤 만남을 희망하는 것 같습니다만…

| 미셸 푸코 |

프랑스나 이탈리아의 공산당 지식인들은, 종종 매우 격렬하게 나를 비난하곤 했습니다. 나는 이탈리아어를 할 줄 모르기 때문에, 불행히도 그들이 내게 가한 비판의 의미를 이해하지 못했고, 이에 대해 답변할 수도 없었지요. 그러나 최근 들어 그들은 이론적 논쟁에 있어 스딸린주의적인 방식을 피하려는 의지들을 곳곳에서 보여주고 있습니다. 그래서 나는, 한 사람이 무언가를 주장할 때 상대방이 그를 "부르주아의 이데올로그"나 "계급의 적"이라고 비

난하는 방식을 피하고, 진지한 토론을 시도해 보자고 제안하는 것입니다. 만약 내가 제기한 "통치성"의 위기가 중요한 문제라는 것이 합의가 된다면, 거기에서 시작해 논의들을 넓혀나가지 못할 이유가 없지 않습니까? 게다가 내가 보기에 이탈리아 공산당원들은, 예컨대 의학과 관련된 문제나 경제·사회적 문제들의 국지적 관리 등과 관련된 문제들에 있어서, 프랑스 공산당원들보다는 좀 더 포용적인 태도를 지닌 것 같더군요. 이런 문제들은 나 역시 연구를 통해 다루고자 노력해 왔던 것들이며, 국지적이고 구체적이지만, 현대 사회에서의 정당화와 규범화, 법과 규범, 정의와 의학 간의 관계 같은 일반적인 문제들을 제기하는 주제들이지요. 내가 보기엔 많은 이탈리아 공산당 지식인들이 이러한 문제들의 중요성을 인식하고자 노력하는 것 같습니다. 그렇다면, 함께 논의하지 못할 이유가 있나요?

| 둣치오 뜨롬바도리 |

논쟁과 관련해서 한 가지 더 물어보겠습니다. 당신은 자신이 "전쟁을 흉내내고 법적인 재판 과정을 모방하는" 형태의 논의들을 수용할 수 없으며, 이런 논의들을 좋아하지도 않는다고 명확히 밝혔는데요, 이 말이 정확히 무엇을 의미하는지 좀더 자세히 설명해 주실 수 있겠습니까?

이데올로기 논쟁에 있어 피곤한 것은, 마치 "전쟁 모형"(medèle de la guerre)처럼 한 사람이 반드시 상대방을 눌러버려야 한다는 생각입니다. 다시 말해, 당신과는 다른 생각을 가진 누군가와 대면하게 되면 그 사람을 (당신이 속한 계급이나 사회의) 적으로 분류하고, 그에 맞선 전투를 진행해 적을 완전히 정복해 버려야 한다는 생각 말입니다. 나는 이데올로기 투쟁의 이러한 형태들을 참을 수가 없습니다. 무엇보다 우리가 각자의 이론적 입장이 가진 계보를 살펴본다면, 이론적 입장 자체가 항상은 아니지만 종종 혼란스럽고 변동하는 것이기 때문이지요. 게다가, 한 사람이 "적"에 맞서 싸우는 이러한 "투쟁"은, 중요하지 않은 사소한 논점을 실제보다 훨씬 더 심각해 보이도록 만드는 게 아닐까요? 즉, 어떤 지식인들은 "이데올로기적 투쟁"을 통해서 자신들이 실제 가진 것보다 더 큰 정치적 무게를 가지길 희망하는 건 아닐까요? 당신도 알다시피, 한권의 책은 매우 빠르게 소비됩니다. 논설 등은 더더욱 그렇고요. 그렇다면 더 중요한 것은 무엇일까요? "적"에 맞서 투쟁하는 것입니까? 아니면 제기된 중요한 문제들에 대해 함께 혹은 산개해서 조사해 나가는 것입니까?

또한 나는 이 "전쟁 모형"을 우스울 뿐 아니라, 위험한 것으로 보고 있습니다. 왜냐하면 "나는 적에 맞서 싸우고 있다."고 말하거나 생각하는 것이 가지는 효능 때문에, 어느 날 당신이 강자의 위치에 서게 된다면 그리고 실제 전쟁 상황에서 이러한 괘씸한 "적"과 마주친다면, 당신은 실제로 그를 똑같이 다루게 되지 않을까요? 그러한 방식을 취하는 것은, 누가 그러든지간에 직접적으로 억압과 연결되며 이것은 매우 현실적인 위험입니다. 나는 몇몇의 지식인들이 자신의 이데올로기적 적수들과 "전쟁"을 수행함으로써 당이나 사회에 의해 주목받는 것을 얼마나 간절히 원하는지 잘 알고 있습니다. 그러나 나는 그것이 가져올 수 있는 위와 같은 결과 때문에, 이런 행동들을 참을 수가 없습니다. 이와 같은 전쟁 모형 대신에, 당신과 다른 생각을 가진 사람이 아마도 실수하고 있다고 생각하는 편이, 아니 어쩌면 그들이 말하고자 하는 것을 당신이 제대로 이해하지 못한 걸 수 있다고 생각하는 편이 훨씬 더 현명한 것 아닐까요?

혁명을 넘어서

뚯치오 뜨롬바도리[1]

나는 1978년이 끝나갈 무렵에 파리에서 미셸 푸코와 만났다. 당시에 그는 (비록 오늘날[1981년]보다는 다소 덜 했지만) 많은 논쟁의 대상이었다. 10여 년 간 이어진 맑스주의 "언어"를 향한 열광이 식은 이후에 많은 사람들이 그의 어휘를 유통시키고 있었고, "권력의 미시-물리학"은 근본적이고 자유의지론적인(libertarian) 열망을 대변하는 용어가 되었다. 유행의 문제를 넘어서 이러한 눈

1. [옮긴이] 뚯치오 뜨롬바도리는 1945년 로마에서 태어났고, 법철학을 공부했다. 안토니오 그람시의 정치사상에 관한 연구서의 저자이기도 한 그는 로마대학에서 강의하고 있으며, 『루니따』지 문화면의 편집자로 활동하고 있다. 이 책이 출간될 당시, 그는 그 신문의 정치부 기자였으며, 의회를 담당하는 통신원이었다.

에 띄는 이데올로기의 변화는, 몇 가지 면에서 여전히 숙고할 만한 가치가 있다. 왜냐하면 이러한 현상은, 다양한 신-비합리주의자들(neo-irrationalist)의 주장과 문화적 선택의 부활에 대해 (1968년 직전의) 특정한 이론적 맑스주의가 보여주었던 무기력한 저항과 그것의 상대적 취약성과 연관되어 있기 때문이다.

바로 이러한 점 때문에 기자인 나는 푸코와의 토론을 시도하였다. 이 토론은 그가 받은 이론적 영향과 그것들과의 교차지점뿐만 아니라, 유럽 저항 운동의 특유한 정신 및 그 뿌리(1968년부터 오늘날까지 계속되고 있는 관습을 위반하려는 충동들)가 프랑스 지식인들의 연구와 맺고 있는 호응관계를 설명해 줄 문화적·역사-정치적 수렴지점을 조망하는 데 초점을 맞췄다.

푸코에 따르면, 맑스주의는 이러한 흐름들에 대해서 취약한 이데올로기적 방어만 고집했을 뿐이다. 그리고 (1960년대의 과도하게 이론화된 맑스주의가 귀결될 수밖에 없었던) "완고한 담론성"이라는 귀찮은 껍데기는, 권력의 내밀한 합리성 및 개인을 "통치하는" 권력의 능력에 반하여 권력을 타격할 준비가 되어 있는 자유의지론적 욕구의 좀더 실질적이고 심도 깊은 표출에 (푸코가 보기엔) 오히려 방해가 될 뿐이었다.

전혀 근거 없는 이야기는 아니지만 상당부분 추정을 통해서, 푸코는 그의 권력에 대한 담론이 급진적 저항 운동이 갖고 있는 내면적 진실에 부합한다고 주장하려는 경향이 있다. 그는 토론 중에 다음과 같이 말했다.

> 오늘날 나의 과거를 돌아본다면, 나에게 진정한 동기가 되었던 것이 사실은 이러한 권력의 문제였다는 것을 알 수 있습니다. 궁극적으로, 나는 특정한 제도들이 "이성"이나 "정상성"의 이름으로 행위, 존재, 실천, 발언의 방식을 확립하고 개인들을 비정상인 혹은 광인으로 낙인찍음으로써, 결과적으로 개인들의 집단에 권력을 행사하는 것으로 나아갔던 방식을 추적하기 위해 노력해 왔을 뿐입니다. 결국에, 나는 권력의 역사를 생산하는 작업만을 해왔던 것이지요.[2]

그리고 권력은 [푸코에 따르면] 하나의 설명되어야 하는 문제로서, 원리 혹은 토대 — 특히 경제적인 토대 — 와 관련해서 말해질 것이 아니라 권력을 구성하는 메커니즘들의 작동과 바로 그 자체와 그것을 특징짓는 관계들 그리고 그것을 생산하는 담론들과 관련해서 말해져야 한다. 푸코주의자들의 "고고학"(archaeology) 프로젝트[3]는 전적으로 이러한 작업으로 구성되어 있다. 즉, 고고학은

---

2. 이후의 뜨롬바도리의 인용은, 모두 이 책에 실린 대담에서 가져온 것이다.
3. [옮긴이] 『지식의 고고학』에서 푸코 자신은 고고학을 다음과 같이 정의한다. "고고학은 기언(旣言)을 그의 실존의 수준에서 탐구하는 기술(記述)의 일반적인 테마를 지시한다: 그 안에서 실행되는 언표적 기능에 대한, 그것이 속하고 있는 담론적 형성에 대한, 그것이 드러내는 문서고의 일반적 체계에 대한 기술. 고고학은 담론들을 문서고의 요소 속에서의 특이화된 실천들로서 기술하는 것이다."(『지식의 고고학』, 이정우 옮김, 민음사, 2000, p.190) 즉, 고고학이란 한 시대의 담론의 형성과 그 담론의 변화를 가능하게 해주는 조건들을 파헤치는 작업을 말한다.

고전적인 맑스주의로부터 많이 벗어나 니체에 의해 열려진 지평 속에서 전적으로 기획되는데, "권력에 대한 담론"은 "얼굴을 갖지 않기 위해" 나아가는 사고[4]의 중심을 차지하고 있다.[5] 고고학의 기본 가정은, "사건들"의 물질적 이론틀을 그것이 가지는 비환원적 불연속 속에서 이론적으로 서술하여, 주체성과 모든 "사상의 역사"를 넘어서려는 것이다.

그것의 구성 과정 속에서 이성은 그 자체로 폭력이다. 진리의 지배는 몇 가지 점에서 이러한 사실의 은폐를 의미한다. 광기의 연구에서 이루어진 "한계-체험"에 대한 성찰을 시작으로 "말"과 "사물" 사이의 관계에 대한 고고학적 재구성의 시도까지, 푸코의 사상은 모두 이러한 가정하에서 이루어지고 있다.[6] 이러한 입장에 대한 반론들은 잘 알려져 있고, 다양하다. 그리고 그 반론들은

---

4. [옮긴이] 푸코는 『지식의 고고학』에서 한 시대의 "얼굴"이라는 표현이 은유적으로 나타내는 것은, "한 문명의 총체적 형태, 한 사회의 물질적 또는 정신적 원리, 한 시대의 제 현상에 공통되는 의미작용, 그들의 정합성을 설명해 주는 법칙 등"이라고 이야기하고 있다. 다음과 같은 푸코의 선언은 널리 인용된다. "한 사람 이상이, 의심할 바 없이 나처럼, 더 이상 얼굴을 가지지 않기 위해서 쓴다. 내가 누구인지 묻지 마라. 나에게 거기에 그렇게 머물러 있으라고 요구하지도 말라." 미셸 푸코, 『지식의 고고학』, 이정우 옮김, 민음사, 2000, 30~41쪽 참고
5. *L'archéologie du savoir*, Itainan translation(Milan;Rizzoli, 1971), pp. 1~24[뜨롬바도리 주]; *The Archeology of Knowledge*, trans. A.M.Sheridan Smith(London: Tavistock; New York: Random House-Pantheon, 1973; rpt. New York: Harper & Row), p. 17.
6. [영역자 주] 우리는 limite를 boundary 혹은 extreme보다는 limit로 옮겼다. 이는 Bouchard와 Simon의 예를 따른 것이다. *Language, Counter-Memory, Practice*, ed. Donald F. Bouchard(Ithaca: Cornell University Press, 1977), pp. 29~52를 보라.

푸코의 생각과 유사한 측과 다른 측, 양쪽 모두에게서 제기되고 있다. 하나의 심도 깊은 비판은, 푸코는 권력관계를 결정할 수 있는 실재적 주체(real subject)를 구체화하지 않고 있다는 비판이다. 즉, 담론 형성체의 긴장 혹은 지식과 권력이 뒤엉켜 있는 특정한 장치의 맥락 속에서는, 누가 누구에 대항해 투쟁하는가? 이러한 자끄-알랭 밀러(Jacque-Alain Miller)의 적대적인 질문에, 푸코는 다음과 같이 대답했다. "우리 모두는 서로에 대항해 싸우고 있다." 일단의 일시적인 연합 형태는 존재하겠지만, 그것의 기본적인 요소는 "개인들 또는 심지어는 개인을 이루는 요소"(sub-individual)[7]가 될 것이다.[8] 그렇다면, 우리의 마지막 희망은, 우리들 즉 주체들에게서 실제로는 사라지는 것이 아닌가? 푸코는 — 휴머니즘적인, 현상학적인, 사르트르적인 등등의 — 반론을 염두에 두면서, 그의 견해 속에서 개인은 "권력의 효과"인 동시에 "권력의 절합 요소"라고 바로 덧붙이고 있다.[9] 그러나 이러한 경우에 "투쟁"이

---

7. [옮긴이] 푸코에게 계보학(genealogy)은 기본적으로, 잘 짜여져 있는 것처럼 보이는 대상들이 실제로는 이질적이고 복합적인 요소들이 짜 맞춰진 것임을 밝히는 작업이다.(이러한 방법이 지식-권력의 영역에 적용되었을 때, 계보학은 담론의 형성과 변환 가능성의 조건 속에서 작동하는 '권력의 놀이'에 초점을 맞추게 된다.) sub-individual개념은, 이러한 계보학에 의해 드러나는 '개인을 구성하는 어떤 요소'를 지칭하는 것으로 보인다.
8. 다음의 대화를 보라. *Ornicar? Bulletin périodique du Champ freudien, Italian traslation* (Padua: Marsilio, 1978), pp. 266~295[뜨롬바도리 주]; 영어판은 다음과 같다. Power/Knowledge, ed. Colin Gordon (Brighton: Harvester Press; New York: Random House, 1980), p. 208.

라는 단어가 어떤 견고한 의미를 가질 수 있을까? 이미 사전에 완전히 결정된 명백한 [권력의] 동학 외부에서, 그 무엇이 "권력관계"의 조건들을 변화시킬 수 있겠는가?

푸코가 권력의 두 가지 용법 사이에서 동요하는 것처럼 보일 때, — 나는 이 두 가지 용법들이 서로 반대되는 것인지 혹은 상보적인 것인지 잘 모르겠지만 — 그는 이와 유사한 어려움에 봉착한다. 한편에서 권력이란, 언어 등의 기제를 통해서 혹은 그것들 속에서 이루어지는 정치적인 것의 산포이다. 다른 한편으로, 권력은 총체화하는 것처럼 보이는 생산 양식이다.(푸코는 질 들뢰즈(Gilles Deleuze)와의 대화에서 다음과 같이 말한다. "우리는 권력 측에서 항상 총체화되는 것을 총체화할 필요는 없습니다. 우리가 이러한 방향으로 나아간다면, 그것은 중앙집중적이고 서열적인 구조의 대의적(representative) 형태를 복원하는 걸 의미하게 될 겁니다."10) 그런데, 만약 권력이 "총체화"한다면, (권력의 모든 미시물리학의 전제조건인) 개별적 "훈육 영역들"의 내재성이 어떻게 설명될 수 있겠는가? [권력이 총체화한다면] 이 훈육적 공간의 내재성은, [그 내부에서] 권력의 특유한 기술들이 생산되지 못하는 단

---

9. *Microfisica del potere*(Turin: Einaudi, 1977), pp. 184~185[뜨롬바도리 주]; Power/Knowledge, p. 98.

10. *L'arc* 49(2nd trimestre, 1972); in *Microfisica del potere*, pp. 109~118[뜨롬바도리 주]; *Language, Counter-Memory, Practice*, p. 212. 이 발언은 사실 들뢰즈가 한 것이다. [이 책의 부록으로 실린 지식인과 권력을 보라.-옮긴이]

순한 허깨비가 돼 버리고 만다. 그렇다면 모든 것을 계획하고 모든 것을 포괄하는 대문자 권력이라는 생각(푸코 자신이 힘들여 기각했던 바로 그 생각)이, 그의 담론의 기반으로 재등장하는 것 아닌가?

푸코가 해방을 향한 요구들에 새로운 자극을 제공하는 일과 거리를 두면서, 순수한 감금의 메커니즘을 묘사하는 것으로 스스로를 한정짓는다는 인상을 피할 수 없다. 하지만, 이렇게 권력의 "지도를 그려나가는" 작업은, 변증법적 비판 속에 위치한 적대를 대체할 방법을 찾아낼 수 없을 것 같다. 오히려 변증법적인 해결책을 파기하는 것 — 이것은 "인간의 소멸로 남겨진 공허 속에서" 수행되는 모든 사고의 전제인데 — 의 필연적인 결과는, "실천의 분출"(upheaval of praxis)로서의 혁명 개념에 대한 거부이다. 바로 이 지점에서, 권력의 "미시물리학"에서 권력의 "물리학"으로 향하는 운동의 부재, 즉 푸코주의자들의 고고학적인 관점을 국지적인 수준에서 지배 관계 일반의 수준으로 확장시켜 줄 수 있는 운동의 결핍이 드러나게 된다. 푸코는 "통치성"의 범주를 고찰하면서, 또 근대 국가가 등장하는 시기를 관장했던 권력 기구와 체계를 재검토하면서, 이러한 종류의 비판에 답하려 하고 있다.[11]

---

11. "La governmentalità"(Italian transcript by Pasquale Pasquino) *Aut Aut*, pp. 167~168 (Sept.-Dec. 1978): pp. 12~29[한국어판: 「통치성」, 『미셸 푸코의 권력이론』, 정일준 편역, 새물결, 1994]에 실린 이 텍스트는 1978년 2월 〈꼴레쥬 드 프랑스〉에서 행해진 강의록이다.[뜨롬바도리 주]; 영어 번역으로는 trans. Rosi Braidotti, Ideology and Consciousness 6(Autumn, 1979): pp. 5~21을 보라.

그는 대화 도중, 서구의 "훈육적 문명화"의 특징과 기원에 대해 언급하면서 이러한 주제로 다시 돌아오고 있다. [푸코에 따르면] 20세기가 끝나가면서 이러한 훈육적 문명의 결정적 위기가 도래했으며, 서구 사회에서 사회주의 사회까지, 인간 사회에 대한 "통치"를 보장하는 모든 절차, 기술, 방법들이 의문에 부쳐진다.[12] 그리고 이러한 위기의 "계보학"(genealogy)[13]에 대해 이야기하면서, 푸코는 타협 과정에서 "매개" 역할을 맡는 것에 반대하는, 지식인들의 가능한 지적 "참여"의 과제와 그것의 의미를 밝히고 있다. 이러한 관점을 근대국가의 형태 변화(즉, 전문화의 증가와 집중된 통일체로서의 권력 형태의 종말)에 관해 맑스주의 내부에서 이루어지고 있는 연구들과 비교해 보고, 시험해 보는 것도 매우 흥미로울 것이다.

예를 들어 오늘날 이탈리아 인민들은, 모순의 이론을 맑스주의 문제틀 너머까지 확장해 다시 생각할 수 있는 가능성과 권력과 사회 계급들 간의 관계에 대해 재정의할 수 있는 가능성을 모색하고 있다. 이것은 과거의 이차원적인 도식이 해체되고 일련의 비대칭적인 극들이 확인되고 있기 때문인데, 이러한 현상은 국가

---

12. 여기서 뜨롬바도리는 현 시대와 중세 후기를 비교한 푸코의 발언을 인용하고 있다. 6장의 끝 부분을 참고하라.

13. [옮긴이] 이 장의 주 7을 보라. 계보학에 대한 푸코 자신의 자세한 설명으로는, 미셸 푸코, 「계보학, 니체, 역사」, 『미셸 푸코: 광기의 역사에서 성의 역사까지』, 이광래 옮김, 민음사, 1989를 참고.

의 우세한 절합과 함께 진행되는 근대의 "정치적인 것의 산포"가 가지는 특징이라고 할 수 있다. [그러므로] 이러한 관점에서는 정치 속에서 국가가 차지하는 수준이 비록 눈에 띄게 변하고 있기는 하지만, 여전히 결정적인 것으로 유지된다. "미시권력"의 배타적인 효과와 국지적이고 특정한 투쟁 전략으로 자신들의 관심을 돌려버린, 그래서 "정치적인 고통(political suffering)의 종말"을 선언한 것처럼 보이는 푸코를 포함한 많은 이들은 이러한 관점을 받아들일 수 없을 것이다.

결과적으로 푸코식의 근본주의는, "정치에 대한 순수하고 단순한 거부"를 넘어서는 가능한 대응 방안을 가설화하는 데 실패했다. 아마 교훈이 있다면, 날카로운 비판을 계속하면서 "게임에는 참여하지 말라"는 통고일 것이다. 그러나 이러한 태도는 항상 "주변적인 것"이 될 수밖에 없다. 푸코가 던지는 경고는, 누군가가 "혁명적 운동 내에서 국가장치 형태가 재생산되는 것"을 불가능하게 만들고 싶다면, "조금이라도" 총체화 하려는 어떠한 의도도 없이 [혁명 운동을] 시작해야만 한다는 것이다.[14] 솔직히 이러한 상황 속에서, "군주권의 권리와 훈육적 메커니즘" 간의 결합으로부터 해방된 (푸코가 선언한 바 있는) "권리의 새로운 형태"의 창출을 어떻게 계획할 수 있을지는 명확하지 않다.[15] 맑스주의의 혁명

14. *Microfisica del potere*, pp. 138~145에 실린 *Quel Corps*(Oct. 1975)와의 대담을 보라. [뜨롬바도리 주]; *Power/Knowledge*, p. 61을 보라.

적 전통에 대한 공격의 형태로 전개된, 푸코의 입장이 가진 반-자코뱅적 원칙은, 마침내는 적대의 "기술"과 계획의 부재로 귀결되는 것처럼 보인다. 이것이 "게임의 규칙"에 대한 근본적인 거부의 대가이지 않을까? 이러한 경우에 "해방"이란 주제는, 지금까지 살펴본 것처럼, 지배의 메커니즘에 대해서 "다른 공간" 혹은 "자치"(autonomy) 구역의 범위를 정하는 단순한 기준의 문제로 환원된다. 그런데, 이것은 자진하여 "권력"을 "군주권"에 다시 갖다 바치는, 정치적인 것으로부터의 자기 배제에 지나지 않는다.[16]

이러한 문제점들과 비판지점이 갖는 의미가, 이 책에 실린 푸코와의 대화 속에서 제시된다. 다만 비판의 수준과 내용을 내가 원하던 만큼 정교화할 기회가 없었다는 점이 유일한 후회로 남으며, 이것이 이 글을 쓰는 이유이기도 하다. 그럼에도 불구하고, 이 책에는 바따이유, 클로소프스키, 바슐라르, 레비-스트로스 같은 걸출한 인물들이 속한 현대 프랑스의 역사적·문화적 배경과, 이에 기반하고 있는 한 비상한 지식인의 일대기가 명확히 드러난다. 또한 이 책에는, (1968년 체코슬로바키아의 사건에 대해 이야기하면서 논쟁적으로 암시되는 사르트르를 포함하여) 실존주의자들의

---

15. *Microfisica del potere*, pp. 191~194를 보라.[뜨롬바도리 주]; *Power/Knowledge*, p. 106을 보라.

16. M.Cacciari, "Critica della 'autonomia' e problema del politico" in *Crisi del spere e nouva razionalità*(Bari: De Donato, 1978)를 보라.[뜨롬바도리 주]

"이론적 휴머니즘"에 대한 푸코의 대결이 지속적으로 제시되며, 프랑크푸르트학파 "맑스주의"에 대한 그의 논박 역시 서술되어 있다. 마지막으로, 나는 푸코가 대담 초기에 자신의 저작에서의 진리와 경험 간의 관계에 대해 이야기한 것을 주목하고 싶다. 그 곳에서는 언어라는 주제뿐만 아니라, 그의 연구가 가지는 도구적이고 꿈같은 성격이 강력하게 드러난다. 그리고 그의 저작이 가지는 이러한 성격들이, 그로 하여금 책들을 계속 써나가게 한다. "자기 자신을 바꾸기 위해서 그리고 이전과 똑같이 생각하지 않기 위해서."

부록

지식인과 권력 : 푸코와 들뢰즈의 대화

선악을 넘어서

부록 1

지식인과 권력: 푸코와 들뢰즈의 대화[1]

| 미셸 푸코 |

예전에 한 마오주의자가 내게 이렇게 말하더군요. "나는 사르트르가 우리 편을 드는 이유를 쉽게 이해할 수 있습니다. 그리고 그의 정치 참여와 그 목표 역시 잘 이해할 수 있지요. 당신의 경우엔, 부분적으로는 이해가 갑니다. 왜냐하면 당신은 항상 감금의 문제에 관심을 기울여 왔으니까요. 그러나 [나에게] 들뢰즈는 하

---

1. [옮긴이] 이 텍스트에 기록된 들뢰즈와 푸코의 대담은, 1972년 3월 4일에 이루어졌으며, "Les intellectuels et le pouvoir"란 제목으로 *L'Arc* no. 49(1972(2)) pp. 3~10에 수록되었다. 한글 번역은 *Dits et Ecrit II*, Galilimard, 1994, pp. 1174~1183에 재수록된 대본을 원본으로 하고, Donald F. Bouchard (ed), *Language, Counter-Memory, Practice*, Cornell University Press, 1977에 실린 영어판을 참고하여 번역하였다.

나의 수수께끼입니다." 나는 이 말을 듣고 매우 놀랐습니다. 내가 보기에, 당신의 입장은 항상 분명해 보였기 때문이지요.

| 질 들뢰즈 |

아마도 우리는 이론과 실천 간의 새로운 관계를 경험하는 과정 속에 있는 것 같습니다. 한 때, 실천은 이론의 적용이자 그 결과로 생각되었습니다. 그리고 어떤 때에는 반대로 실천이 이론을 고무시키며, 미래의 이론적 형태들을 창조하는 데 있어 필수불가결한 것으로 생각되었지요. 두 경우 모두에서, 이론과 실천 간의 관계는 총체화(totalisation)의 과정 속에서 이해되어 왔습니다. 그러나 우리는 그 문제를 전혀 다른 각도에서 봅니다. 이론과 실천 간의 관계는 훨씬 더 부분적이고 파편적인 것입니다.

한 편으로 하나의 이론은 항상 국지적이며 제한된 분야와 관계를 맺으면서, 이론 자신과는 다소 떨어져 있는 다른 영역에 적용됩니다. 이러한 적용의 관계는 결코 유사성(ressemblance)의 관계가 아닙니다. 다른 편에서 보면, 하나의 이론이 적절한 영역 속으로 옮겨가는 그 순간에, 이론은 그것이 다른 유형의 담론들에 연계(relais)될 것을 요구하는 장애물과 벽 그리고 방해들을 만나게 됩니다.(결과적으로 이론이 다른 영역으로 옮겨가는 것은 바로 이러한 다른 유형의 담론들을 통해서이지요.) 실천은 하나의 이론적 지점에서부터 다른 지점으로의 연계들의 총화(ensemble)이고,

이론은 하나의 실천에서 다른 실천으로의 연계들의 총화입니다. 어떤 이론도 결국 벽을 마주치지 않고는 발전할 수 없으며, 이 벽을 부수기 위해서는 실천이 필요합니다.

예컨대, 당신의 작업은 감금의 맥락에 대한 이론적 분석에서부터, 특히 19세기 자본주의 사회 내에서의 정신병자 수용시설에 관한 분석에서부터 시작합니다. 그 다음에, 당신은 감금된 개인들이 스스로 발언해야 할 필요성 그리고 하나의 연계를 창출해야 할 필요성을 깨닫게 되었지요. (반대로, 당신 자신이 이미 그들에 대한 하나의 연계 지점이었다고 말할 수도 있습니다.) 이제 당신은 이러한 집단을 감옥에서 발견합니다—감옥에 갇힌 개인들 말입니다. 이러한 집단에 기반해, 당신은 죄수들이 스스로 말할 수 있는 환경의 창출을 목표로 한 〈감옥정보집단〉을 조직했습니다. 그러므로 당신이 이러한 실천 속에서 당신의 이론을 적용하고 있다는 마오주의자의 말은 완전히 잘못된 것입니다. 이것은 하나의 적용이 아니며, 개혁을 위한 기획도 혹은 전통적 의미에서의 연구도 아닙니다. 강조점은 완전히 다른 것에 있지요. 즉, 이론적이면서 실천적이기도 한 부분들의 다양체(multiplicité) 내에서의, 즉 하나의 앙상블 내에서의 연계의 체계(système de relais)가 강조되어야 하는 것입니다.

우리에게 이론적 지식인은 더 이상 의식(conscience)을 나타내는 혹은 그것을 대표하는 주체가 아닙니다. 행동하고 투쟁하는 사람들은, 더 이상 (그들의 의식을 대표할 권리를 가졌던) 하나의 정당이나 조합에 의해 대의(représentation)될 수 없습니다. 발언하고 행동하는 것은 누구입니까? 그것은 말하고 행동하는 사람들 안에서조차도 항상 다양체입니다. 우리 모두는 소수분파(groupscule)입니다. 대의는 더 이상 존재하지 않습니다. 오직 행동만이 — 연계를 창출하고 연결망을 형성하는 이론적 행동과 실천적 행동만이 — 존재할 뿐이지요.

| 미셸 푸코 |

내가 보기엔, 지식인의 정치참여는 전통적으로 두 가지 상황으로부터 이루어진 것 같습니다. 첫째로 부르주아 사회 내에서, 그리고 자본주의 생산체제와 그것이 생산하는 혹은 강제하는 이데올로기 내에서 지식인으로서 입장을 밝히는 것. (이러한 주장은 악용되고, 비참하게 거부당하며, 저주받고, 전복적 행위나 비도덕적 행위로 비난받게 됩니다.) 둘째로, 사람들이 미처 인식하지 못했던 곳에서 정치적 관계들을 밝히는, 특정한 진리를 폭로하는 데 적합한 담론을 활용하는 것. 이러한 정치 참여의 두 가지 형태는 서로 배타적인 것은 아니었습니다만, 서로 다른 질서에 속하는 것이었고, 따라서 하나로 일치하는 것은 아니었습니다. 한 유형은 "저주받은 이"로 분류되었고, 다른 유형은 "사회주의자"로 분류되었지요. 권력 쪽에서 폭력적으로 반응한 시기에는, 이 두 지위가

쉽사리 섞이곤 했습니다. 1848년 직후, 파리 꼬뮌 이후, 1940년 이후가 그러한 예이지요. 사물들이 명백해지는 바로 그 순간에 지식인은 거부당하고 박해받았으며, 임금님이 벌거벗었다고 외치는 것은 금지됐습니다. [하지만] 지식인은 여전히 진리를 보아야만 하는 사람들에게, 진리를 말하는 것이 금지된 사람의 이름으로 그것을 말해 왔습니다. 그는 의식(意識)이자 하나의 웅변이었던 거지요.

가장 최근의 격변[1968년 5월의 사건들을 가리킨다.]을 통해, 지식인들은 대중이 지식(savoir)을 위해 더 이상 자신들을 필요로 하지 않는다는 사실을 깨달았습니다. 대중은 어떠한 환상도 없이, 완벽하게 알고 있습니다. 대중은 지식인보다 더 잘 알고 있고, 스스로를 확실하게 표현할 수 있습니다. 그러나 이러한 지식과 담론들을 방해하고, 금지하며, 무효로 만드는 권력의 체계 역시 존재합니다. [그리고] 이러한 권력은 검열이라는 명확한 권위 속에서 드러날 뿐 아니라, 전체 사회 연결망 속에 깊숙이 교묘하게 침투해 있습니다. 지식인들 자신은 이러한 권력 체계의 대리인(agent)입니다. 그들이 "의식"이나 담론을 책임지고 있다는 생각은, 이러한 권력 체계의 한 부분을 이루지요. 지식인의 역할은, 더 이상 스스로를 "[대중의] 어느 정도 앞에 혹은 옆에" 위치시키고 그 곳에서 침묵하는 진실을 밝히는 데 있지 않습니다. 오히려 오늘날 지식인의 역할은, 그 자신을 "지식", "진리", "의식", "담론"

의 영역에서 권력의 대상이자 도구로 변환시키려는 권력의 여러 형태들과 맞서 싸우는 것입니다.

이러한 의미에서, 이론은 더 이상 실천을 표현하거나, 해석하는 것 혹은 실천에 적용되는 것이 아닙니다. 이론은 하나의 실천입니다. 그러나 그것은 당신이 말했듯이 총체화하지 않습니다. 이론은 국지적이며 지역적인 것입니다. 이론은 권력에 맞선 투쟁이며, 권력이 가장 비가시적이고 교활하게 작동하는 곳에서 그것을 드러내고, 그 기반을 무너뜨리기 위한 투쟁입니다. 우리가 투쟁하는 것은 "의식을 일깨우기 위해서"가 아닙니다. (대중은 오랫동안 지식(savoir)과 함께 의식을 획득해 왔습니다. 그리고 주체와 의식을 결합시키는 것은 부르주아 계급에 의한 것이지요.) 우리가 투쟁하는 것은 권력을 무너뜨리고 그것을 탈취하기 위해서입니다. 투쟁은 안전거리를 두고 그들을 계몽하는 것이 아니라, 권력을 향해 싸우는 사람들과 함께 행동하는 것입니다. 하나의 이론은 이러한 투쟁의 지역적(régional) 체계인 것이지요.

| 질 들뢰즈 |

맞습니다. 하나의 이론은 꼭 연장통 같은 것입니다. 그것은 의미심장한 것(le signifiant)과는 관련이 없습니다. 그것은 유용해야 하며 기능해야 합니다. 이론은 그 자체를 위한 것이 아닙니다. 이론가 자신부터 시작해 아무도 그것을 사용하지 않는다면, (이 경

우 그는 더 이상 이론가가 아니겠지요.) 그 이론은 가치가 없거나, 시기에 적절치 않은 것이지요. 우리는 하나의 이론을 개정하지 않고, 새로운 것을 구축해 냅니다. 우리는 다른 것들을 만들어 내는 수밖에 없습니다. 묘하게도 이러한 생각을 명확히 밝힌 사람은, 순수 지식인으로 생각되어 온 프루스트(Marcel Proust)였습니다. 그는 다음과 같이 말했지요. "나의 책을 바깥을 향한 하나의 안경으로 생각해 주십시오. 그것이 당신에게 맞지 않으면, 다른 것을 찾으십시오. 필연적으로 전쟁 도구가 될 당신만의 도구를, 스스로 찾으십시오." 이론은 총체화하지 않습니다. 그것은 다양화의 도구이며, 스스로 다양화합니다. 총체화하는 것은 권력의 본성입니다. 그리고 당신이 정확히 지적했듯이, 이론은 본성상 권력에 대립합니다. 이론이 특정한 지점에서 곤란에 처하자마자, 우리는 그것이 완전히 다른 영역으로 분출되지 못하는 한 어떤 실천적 중요성도 가질 수 없다는 사실을 깨닫게 됩니다.

바로 이 때문에 개혁(réforme)이라는 개념은 어리석고 위선적인 것입니다. 한편으로 개혁은 자신이 대표자라고 주장하는 사람들, 그리고 다른 사람들을 위해 발언하는 직업을 가진 사람들에 의해 계획될 수 있습니다. 그리고 이것은 결국 권력의 재정비로, 억압이 두 배로 늘어난 새로운 권력의 분배로 나아가게 됩니다. 혹은 개혁이 그와 관련된 이들의 욕구와 문제제기를 통해 이루어질 수도 있습니다. 이 후자의 경우 그것은 더 이상 개혁이 아니라,

자신의 부분성에 기반해 권력의 총체성과 그것의 위계제를 문제시하는 혁명적 행동입니다. 이러한 사실은 감옥에서 확실히 증명됩니다. 재소자의 가장 조그마한 사소한 요구들도 플레벵(René Pleven) [1950년대 초반 프랑스의 국무총리]의 거짓 개혁을 뒤흔들어 놓을 수 있습니다. 만약 유치원에서의 아이들의 저항이 경청된다면, 혹은 그들의 문제제기가 주목받기만 해도, 전체 교육체계를 붕괴시키기에 충분할 것입니다. 우리가 사는 사회 체계가 매우 취약하다는 것은 의심의 여지가 없습니다. 우리 사회의 모든 면에 걸친 근본적인 허약함과 전반적인 억압 형태들을 보십시오.

내 생각에 당신은, 다른 사람을 위해 말하는 것의 무례함이라는, 우리에게 있어 절대적으로 중요한 교훈을 가르쳐준 첫 번째 사람입니다. 당신은 이러한 생각을, 책뿐만 아니라 실천의 영역을 통해서도 보여줬지요. 나는 이렇게 말하고 싶군요. 사람들은 대의제를 비웃고, 그것이 끝났다고 말해 왔습니다. 그러나 이러한 이론적 전환으로부터 당신의 결론, 즉 결국 직접 관련된 사람들만이 스스로를 위해 실천적인 방식으로 말할 수 있다는 이론적 사실을 깨닫는 것까지 나아가지는 못했었지요.

| 미셸 푸코 |

그리고 재소자들이 말하기 시작했을 때, 그들은 감옥에 대한, 형벌 체계에 대한 그리고 정의에 대한 자신만의 이론을 소유하고

있었습니다. 궁극적인 중요성을 갖는 것은, 범죄자들에 관한 이론이 아니라, 권력에 맞서는 이러한 유형의 담론, 즉 재소자 혹은 우리가 범죄자라고 부르는 이들에게서 나오는 이러한 대항담론(contre-discours)입니다.

감옥의 문제는 국지적이고 주변적인 것입니다. 한 해 동안 감옥을 거쳐 가는 사람들은 10만 명도 채 안 되며, 오늘날 프랑스를 통틀어서 약 30만에서 40만 명의 사람들만이 감옥에 수감된 경험이 있습니다. 그러나 이 주변적인 문제가 모든 사람을 뒤흔들어 놓는 것 같습니다. 나는 감옥에 갇힌 적이 없는 많은 이들이 그 문제에 관심을 갖고 있다는 사실에 놀랐고, 재소자들의 담론을 한 번도 들어본 적이 없는 이들이 그토록 쉽게 그들을 이해할 수 있다는 사실에 또 한 번 놀랐습니다. 이러한 현상을 어떻게 설명할 수 있을까요? 일반적으로 형벌 체계는 권력이 가장 명백하게 권력으로 드러나는 형태이기 때문이 아닐까요? 누군가를 감옥에 집어넣고 감시하는 것, 그에게서 음식과 난방을 박탈하는 것, 도망치거나 성관계를 갖지 못하도록 막는 것. 이것들은 분명 우리가 상상할 수 있는 권력의 가장 광폭한 표현일 겁니다.

언젠가 나는 감옥에 수감된 적이 있는 한 여성과 이야기한 적이 있습니다. 그녀는 다음과 같이 말하더군요. "상상해 보세요. 마흔 살 때, 나는 하루에 마른 빵 한 개만 먹어야 하는 벌을 받곤 했답니다." 이 이야기에서 드러난 권력 작동의 유치함도 놀랍지만, 더 놀라운 것은 권력이 가장 유치하고 미숙하며 케케묵은 방식으로 작동할 때 동반되는 추잡함(cynisme)입니다. 빵과 물을 줄이는 벌 같은 건, 우리가 어렸을 때 이미 배운 것이지요.

감옥은 가장 극단적인 형태로 권력이 벌거벗은 채 드러나는, 그리고 권력이 정의와 도덕의 힘으로 정당화되는 유일한 장소입니다. “내가 당신을 벌주는 이유가 있습니다. 왜냐하면 당신도 알다시피 강도나 살인은 범죄이거든요…” 감옥과 관련해 흥미로운 것은, 이곳에선 예외적으로 권력이 자신을 숨기거나 치장하지 않는다는 겁니다. 이곳에서 권력은 스스로를, 가장 미세한 세부까지 추적해 들어가는 폭군(tyrannie)으로 드러냅니다. 권력은 추잡한 동시에 순수하며, 그것의 작동이 전적으로 도덕성 내부에서 표현되면서 완전히 정당화됩니다. 결과적으로 권력의 잔혹한 지배는, 무질서에 대한 질서의 혹은 악에 대한 선의 평화로운 승리로 드러나지요.

| 질 들뢰즈 |

맞습니다. 그리고 그 역도 사실이지요. 재소자들이 아이들처럼 취급되기만 하는 게 아니라, 아이들도 재소자들처럼 취급됩니다. 아이들은 자신과는 동떨어진 유아화(infantilisation)를 어쩔 수 없이 받아들여야 합니다. 이런 점에서 학교는 감옥과 유사하며, 공장은 더더욱 감옥과 유사합니다. 르노(Renault) 공장을 한번 보십

시오. 그 곳에서는 낮에 오줌 누러 화장실에 가려면 표를 세 장이나 받아야 합니다.

당신은 감옥 개혁을 제안하는 18세기 제레미 벤담(Jeremy Bentham)의 문헌을 찾아냈습니다. 그 문헌에서 그는 고귀한 개혁의 이름으로, 개선된 감옥을 모델로 한 하나의 순환 체계를 설립했지요. 그 속에서 개인은 학교에서 공장으로, 공장에서 감옥으로 또는 그 반대 방향으로, 별다른 차이를 느끼지 못한 채 옮겨 다니게 됩니다. 이것이 개혁주의의 본질이자, 개혁된 대의(repé sentation)의 본질입니다. 반대로 사람들이 스스로 말하고 자신들의 이름으로 행동하기 시작할 때, 그들은 하나의 대표권(repré sentativité)에 맞서 전도된 대표권을 내세우지 않으며, 권력의 잘못된 대표권에 맞서 하나의 새로운 대표권을 내세우지도 않습니다. 예컨대, 당신이 정의에 맞선 대중의 정의는 존재하지 않으며, 그것은 완전히 다른 차원의 일이라고 말했던 것이 생각나는군요.

| 미셸 푸코 |

나는 법적인 체계, 재판관, 법정, 감옥 등에 대한 사람들의 증오 속에, 단지 더 정확하고 더 공정한 정의에 대한 관념만이 존재한다고 생각지 않습니다. 오히려 이러한 인식에 선행해서, 권력은 언제나 민중을 희생시키면서 행사된다는 독자적인 관점이 그 속에 존재합니다. 반-사법(antijudiciaire) 투쟁은 권력에 대한 투쟁

입니다. 나는 그것이 부정의에 대한 투쟁, 법률 체계의 불공평함에 대한 투쟁, 혹은 사법 제도의 효율성을 증진시키기 위한 투쟁이라고 생각지 않습니다. 특히 인상적인 것은, 폭동이나 반란, 선동 행위들이 있을 때마다, 재정기구나 군대 그리고 다른 많은 권력 형태들과 함께, 법체계 역시 다른 것들과 동일한 이유로 하나의 공격 대상이 되어 왔다는 것입니다. 나의 가설은 — 이는 단지 가설일 뿐입니다만 — 예컨대 프랑스 혁명 기간 설립된 인민 법정(tribunaux populaires)은, 대중과 동맹했던 쁘띠부르주아 계급이 법률에 대항한 투쟁들을 포획하고 재종속시키기 위해 사용한 수단이었다는 것입니다. 이를 위해 그들은 부패했던 정의가 바로 잡아지는, 부패했던 판사가 정의로운 판결을 내리는 새로운 법정 체계를 제안했던 것이지요. 이와 같은 법정 형태는 정의에 대한 부르주아 이데올로기에 속하는 것입니다.

| 질 들뢰즈 |

현실의 상황과 관련해서, 권력은 필연적으로 하나의 총체적인 혹은 총괄적인 시야를 가지게 됩니다. 다시 말해, 현재 진행되는 억압의 형태들(이주노동자들에 대한 인종주의적 억압, 공장에서의 억압, 교육제도에서의 억압, 젊은이들에 대한 일반적 억압 등)은, 비록 그것이 다양하게 나타난다 하더라도, 권력의 시야에서는 쉽게 총체화됩니다. 1968년 5월에 대한 [지배계급의] 반응에서 찾을

수 있었던 이러한 억압 형태들의 통일성은, 다가올 미래에 대비한 각종 준비들과 조직화 속에서 더 명확히 드러나고 있습니다. 프랑스 자본주의는 이제 막대한 실업수당을 필요로 하고 있으며, 충분한 고용이 가져왔던 자유주의적이고 온정주의적인 가면을 내던지고 있습니다. 우리가 억압 형태들이 가진 통일성을 발견할 수 있는 것은 바로 이러한 지점에서입니다. 한 때는 가장 힘들고 보람 없는 일들이 이주노동자들에게 주어졌지만, 이제 이민에 대한 규제가 이루어집니다. 그리고 프랑스인들이 다시금 어려운 일들에 대한 의욕을 회복해야 하기 때문에 공장에서의 억압이 발생하지요. 또한 청년층에 대한 탄압과 교육제도에서의 억압이 강화됩니다. 왜냐하면 경찰의 억압은, 젊은이들이 노동 시장에서 직장을 구하지 못할 때 더욱 강해지기 때문입니다. 여러 다양한 직업들(선생들, 정신병 의사들, 모든 종류의 교육자들 등)은, 기존에는 경찰들에 속했던 기능들을 수행할 것을 요구받게 될 겁니다. 이것은 당신이 오래전에 예언한 일입니다만, 당시에 사람들은 이러한 일들이 일어나지 않을 거라고 생각했습니다. 그러나 감금 구조의 전반적인 강화는 이제 현실이 되었지요.

이러한 권력의 총괄적인 정치에 맞서, 우리는 국지적인 역습과 반격, 능동적이며 때론 예방적인 방어책들을 수행할 필요가 있습니다. 우리는 권력 측에서 항상 총체화되는 것을 다시 총체화할 필요는 없습니다. 우리가 이러한 방향으로 나아간다면, 그것은 중앙집중적이고 서열적인 대의적 형태를 복원하는 걸 의미하게 될 겁니다. 대신에 우리는 수평적 결합, 대중에 기반한 완전한 네트워크 체계를 추구해야 합니다. 이것은 매우 어려운 과제이지요.

어쨌든 우리는 더 이상 현실을, 권력을 사이에 둔 경쟁과 분배라는 전통적인 의미에서의 정치의 연속으로,(예컨대, 소위 〈프랑스 공산당〉이나 〈프랑스 노동총연맹〉(C.G.T) 등의 대변인들을 통해서) 바라보지 않습니다. 현실은 공장에서, 학교에서, 병영에서, 감옥에서, 경찰서에서 실제로 벌어지고 있는 일들입니다. 그리고 이러한 행위들은 신문에서 볼 수 있는 것들(예컨대, 『리베라시옹』(*Libération*)지에 나오는 그런 종류의 정보들)과는 전혀 다른 정보들을 실어 나르고 있습니다.

| 미셸 푸코 |

투쟁의 적절한 형태를 찾을 때 겪는 어려움은, 우리가 계속 권력의 문제를 무시해 온 결과가 아닐까요? 결국 우리는 착취의 본성을 알기 위해 19세기까지 기다려야 했습니다만, 권력의 본성은 어쩌면 오늘날까지도 충분히 이해하지 못하고 있는 것 같습니다. 우리가 권력이라고 부르는—가시적인 동시에 비가시적이고 드러나 있으면서도 은폐되어 곳곳에 편재해 있는—이 수수께끼 같은 존재를 이해하는 데 있어서, 맑스와 프로이트는 별로 만족스럽지 못한 것 같습니다. 확실히, 국가에 대한 이론과 국가장치에 대

한 전통적인 분석은 권력이 기능하고 행사되는 장을 찾아내지 못합니다. 권력은 거대한 수수께끼로 남는 것이지요. 누가 권력을 행사합니까? 그리고 그것은 어디에 행사됩니까? 이제 우리는 누가 착취하는지, 이윤이 어디로 출발하여 누구 손으로 흘러들어 가는지, 그리고 그것이 어디에 재투자되는지 등의 문제에 대해 거의 다 알고 있습니다. 그러나 권력의 경우에는…

우리는 통치자들이 권력을 소유하고 있는 게 아니란 사실은 잘 알고 있습니다. 그러나 "지배 계급"이라는 개념은 명확하지도 정교하지도 않으며, "지배", "지도", "통치", "권력집단", "국가장치" 등의 개념 역시 너무나 유동적이어서 분석을 요하는 개념들입니다. 마찬가지로, 우리는 권력이 어디에 작동하는지도 알아야만 합니다. 즉, 우리는 권력이 작동하는 강제 · 금지 · 감시 · 통제 · 위계화의 연계들을 알아내고 그 작동의 미세한 심급들까지 파악해야 합니다. 권력이 존재하는 모든 곳에서 권력은 행사되고 있습니다. 엄격히 말해, 누구도 권력에 대해 공식적인 권리를 가지고 있지 않습니다. 그렇지만 권력은 항상 특정한 방향을 취하면서 한편으로는 이 사람들에 다른 한편으로는 저 사람들에 행사되고 있지요.

우리는 정확히 누가 권력을 가졌는지에 대해선 잘 모르지만, 누가 권력을 갖고 있지 않은지는 알고 있습니다. 당신의 저작(『니체와 철학』(*Nietzsche et la philoshphie*)에서 『앙띠-오이디푸스』

(*L'Anti-Oedipe*)까지)을 읽은 것이 나에게 핵심적인 의미를 갖는다면, 그것은 이 저작들이 권력의 문제와 관련해서 매우 멀리까지 나아가고 있기 때문입니다. 의미, 시니피에, 시니피앙 등의 오래된 테마를 가지고, 당신은 권력의 문제 그리고 권력의 불평등과 그것들이 벌이는 투쟁에 관한 문제를 발전시켰지요.

각각의 투쟁은 권력의 특정한 원천들(소기업의 사장, 일반 임대주택[Habitations à loyer modéré; 집세가 싼 주택을 말함]의 경영자, 교도소장, 판사, 노동조합 대표, 신문의 편집국장 같은 셀 수 없는 조그만 원천들)을 둘러싸고 벌어집니다. 만일 이러한 원천들을 지적하고 그것을 고발하며 공개적으로 언급하는 것이 투쟁의 일부라면, 그것은 전에는 이러한 사실을 몰랐기 때문이 아니라, 이러한 주제에 대해 말하고, 제도화된 정보의 망을 뒤틀어버리며, 누가 무엇을 하는지 밝히고, 표적을 정하는 것이, 권력을 전복하는 첫걸음이며 권력에 맞선 또 다른 투쟁의 시작이기 때문입니다. 예를 들어, 죄수들이나 감옥 담당 의사의 담론[2]이 하나의 투쟁이 된다면, 그것은 그 담론이 적어도 감옥에 대해 말할 수 있는 권력 — 현재는 행정당국이나 감옥 개혁 지지자들에게만 주어져 있는

---

2. [옮긴이] 구체적으로는, 1971년에 발생한 뚤르(Toul) 감옥 폭동 때, 뚤르 감옥의 참혹한 상태에 대해 진술한 감옥 담당 의사 에디뜨 로즈(Edith Rose)의 실천을 말한다. 그녀의 보고서는 『르 누벨 옵세르바뙤르』에 실렸으며, 푸코는 거기에 서문을 달았다.

그러한 권력 — 을 잠시라도 빼앗아오기 때문입니다. 투쟁의 담론은 무의식과 대립하지 않습니다. 그것은 비밀(secret)에 대립합니다. 아마 그렇게 보이지는 않을 겁니다. 그런데, 만약 [실제로는 우리가 느끼는 것 보다] 더 그러하다면? 투쟁의 대상이 되어야만 하는 값 싼 "정신분석"을 승인하도록 만드는, "숨겨진", "억압된", "말해지지 않은" 것들과 관련한 전체적인 불명확함이 존재합니다. 이러한 비밀은, 무의식보다 더 드러내기 어려운 것입니다. 최근에 우리가 자주 마주치는 두 가지 테마, 즉 "글쓰기는 억압된 것이다."와 "글쓰기는 필연적으로 전복적이다."라는 테마는, 내가 보기엔, 그것이 통렬하게 비난해야 할 몇몇의 작업(opérations)들을 드러내고 있는 것 같습니다.

| 질 들뢰즈 |

당신이 제기한 문제와 관련해서 한마디하지요. 누가 착취하고, 누가 이익을 얻으며, 누가 통치하는지는 잘 눈에 띄는 것입니다만, 권력은 여기저기 흩어져 있습니다. 나는 다음과 같은 가설을 내놓고자 합니다. 맑스주의는 이 문제를 본질적으로 이해관계(intérêt) 와 관련해서 정의(권력은 특정 계급의 이해관계에 의해 결정되는 계급지배를 통해 행사되는 것이다.)해 왔습니다. 즉각적으로 다음과 같은 의문이 제기됩니다. 자신의 이해관계가 보장되지 않는 사람들이, 그것의 작은 조각이나 요구하면서, 기존의 권력구조

를 강하게 지지하는 것을 어떻게 설명할 수 있을까요?

아마도 이것은, 투자(investissenments)[3]라는 용어와 관련해 볼 때, 이해관계는 그것이 경제적인 것이든 무의식적인 것이든 최종적인 답이 될 수 없기 때문일 겁니다. 즉, 우리가 어떤 필요한 것을 욕망할 수 있음을 설명해 주는, 욕망(désir)의 투자라는 것이 존재합니다. 욕망의 투자는 우리의 이해관계에 대립하는 것은 아닙니다. 왜냐하면 이해관계는 항상 욕망이 있는 곳에 따라오기 때문이지요. 그러나 우리는 이해관계보다 훨씬 더 깊고 넓게 욕망합니다. 우리는 다음과 같은 라이히(Wilhelm Reich)의 외침을 인정해야 합니다. "아니오. 대중은 속은 게 아닙니다. 그들은 실제로 파시즘을 욕망했습니다!" 권력을 주조하고 확산시켜, 그것이 국무총리(Premier ministre)의 수준에서뿐 아니라 경찰 수준에서도 존재하게 만드는 욕망의 투자가 존재합니다. 이러한 점에서 볼 때, 장관이 행사하는 권력과 경찰이 행사하는 권력 사이에 절대적인 질적인 차이는 없습니다. 이러한 사회체에 대한 욕망의 투자가 가진 성질은, 왜 계급의 이해관계란 명목하에서 혁명적인 투자를 계속해 온 정치적 정당이나 노동조합들이 욕망의 수준에서는 개혁 지향적이 되거나 완전히 반동적이 되는지를 설명해 줍니다.

---

3. [옮긴이] 정신분석학에서 "investissement"는 특정한 대상 혹은 표상을 향해 개인의 에너지를 집중시키는 것을 말한다.

| 미셸 푸코 |

당신이 말한 것처럼, 욕망과 권력, 그리고 이해관계 간의 상호관계는 우리가 보통 생각하는 것보다 훨씬 더 복잡합니다. 그리고 권력의 행사에 이해관계를 가진 사람들이 반드시 권력을 행사하는 것은 아니며, 기존에 권력을 행사하는 데 이해관계를 가져 온 사람들이 항상 권력을 행사하는 것이 가능한 것도 아닙니다. 게다가 권력에의 욕망은 권력과 이해관계 간에 특이한(singulier) 관계를 설립합니다. 아마도 대중들이 파시즘 시기 동안 누군가가 권력을 행사하기를 원했던 것은 이 때문일 겁니다. 권력이 그들 자신의 희생, 죽음, 학살을 통해 행사됨에도 불구하고, 바로 그 때문에 그들은 이 특정한 권력이 행사되기를 원했지요. 이러한 권력과 욕망, 이해관계가 벌이는 놀이는, 지금까지 거의 관심 밖의 일이었습니다. 우리가 착취를 이해하기 시작한 것은 오래 전 일입니다. 그리고 욕망도 오랜 역사를 가지고 있지요. 현재 일어나는 투쟁들과, 이러한 투쟁들로부터 나타났으며 그것들과 완전히 결합되어 있는 국지적이고 지역적이며 불연속적인 이론들이, 권력이 행사되는 방식에 대한 탐구의 시작이 될 수도 있을 겁니다.

| 질 들뢰즈 |

그렇다면, 우리는 앞서의 문제로 돌아가게 됩니다. 현실의 혁명적 실천이 다양한 영역들에 퍼져 있다는 것은, 약점도 결함도 아닙니

다. 총체화하는 것은, 오히려 권력과 반동의 몫이기 때문입니다. 예를 들어, 베트남 전쟁이 굉장한 국지적 반격임에도, [그것이 만들어내는] 한 국가 내에서 혹은 한 국가와 다른 국가 간의 불연속적인 실천 지점들을 횡단하는 연계와 연관들을, 우리는 어떻게 이해해야 할까요?

| 미셸 푸코 |

당신이 제기한 지리적 불연속성의 문제는 다음과 같은 것이겠지요. 우리가 착취에 맞서 투쟁을 벌일 때, 그 투쟁을 이끌고 그것의 목표와 방법, 장소와 도구 등을 결정하는 것은 바로 프롤레타리아입니다. 프롤레타리아트와 연합한다는 것은, 그들의 입장과 이데올로기, 투쟁동기 등을 받아들이는 것, 즉 완전히 혼합되는 것입니다. 그러나 권력에 대한 투쟁이 일어날 때는, 권력의 악독한 영향하에 있는 모든 이들 그리고 권력이 참을 수 없다고 느끼는 모든 이들이, 그들 자신의 영역에서 그들의 적절한 능동성(혹은 수동성)을 가지고 투쟁을 전개할 수 있습니다. 그들 자신의 것인 이러한 투쟁에 가담하면서, 사람들은 투쟁의 목표를 정확히 이해하고 그것의 방법을 결정하면서 혁명적 과정에 참여하게 됩니다. 그들은 당연히도 프롤레타리아트와 연합하게 되는데, 왜냐하면 권력이 지금처럼 행사되는 것은, 자본주의적 착취의 유지에 도움이 되기 때문입니다. 그들은 억압이 행사되는 바로 그 장소들

에서 싸우면서, 진정으로 프롤레타리아트에게 도움을 주게 됩니다. 여성, 죄수, 징집된 군인들, 병원의 환자들, 동성연애자들은 지금 자신들에게 행해지는 구속, 통제, 권력의 특정한 형태에 맞서 특유한 투쟁들을 개시하고 있습니다. 이러한 투쟁들이 급진적 · 비타협적 · 비개혁적 성격을 가진 한, 또 동일한 권력을 재배치하여 기껏해야 명칭만 바꾸는 것으로 귀결되는 사태를 거부하는 한, 이 투쟁들은 진정으로 혁명적 운동의 한 부분입니다. 그리고 이 투쟁들이 권력 체계에 봉사하는 통제와 구속들에 맞서 싸우는 한, 이 투쟁들은 프롤레타리아트의 혁명적 운동들과 깊은 관련을 가집니다.

다시 말해, 투쟁의 일반성(généralité)은 확실히 — 앞서 당신이 말한 대로 — 총체화의 형식, "진리"의 형식을 띤 이론적 총체화의 형식을 띠지 않습니다. 이러한 형태의 투쟁의 일반성은 권력과 동일한 체계이며, 권력이 행사되는 형태일 뿐입니다.

| 질 들뢰즈 |

그리고 우리가 권력의 분산된 전체에 대항하려 하지 않는다면, 우리는 그 어떤 적용 지점도 건드릴 수 없습니다. 그렇기 때문에 우리는 반드시 사소한 요구에서 시작해서 권력을 완전히 폭파시키는 것으로 나아가야 합니다. 모든 혁명적 공격과 방어는, 그것이 얼마나 부분적이건간에, 노동자들의 투쟁과 연결되는 것입니다.

부록 2

선악을 넘어서[1]

| 미셸 푸코 |

오늘날 고등학생들이 가장 참기 힘든 억압 형태는 무엇입니까? 권위적인 가족입니까, 일상생활에 간섭하는 경찰입니까, 학교에서 이루어지는 조직화와 훈육입니까, 혹은 『악뛰엘』(*Actuel*) 같은 잡지들과 각종 언론들에 의해 부과되는 수동성(passivité)입니까?

---

1. [옮긴이] 푸코와 고등학생들 간의 대담을 기록한 이 텍스트는, "Par-delà le bien et le mal"이라는 제목으로 *Actuel* no.14(1971), pp. 42~47에 실렸다. 한글 번역은 *Dits et Ecrit II*, Gallimard, 1994, pp. 1091~1104에 재수록된 대본을 원본으로 하고, Donald F. Bouchard (ed), *Language, Counter-Memory, Practice*, Cornell University Press, 1977에 "Revolutionary Action: "Until Now""란 제목으로 실린 영어 번역본을 참고로 하여 번역하였다.

| 세르제(Serge) |

학교에서의 억압은 정말 참을 수가 없습니다. 그 억압들은, 실천하고자 애쓰는 집단들을 대상으로 하기 때문에, 매우 명백하게 드러납니다. 그것은 매우 폭력적이며, 우리는 억압을 아주 생생히 느끼고 있습니다.

| 알랭(Alain) |

대학가에서 벌어지고 있는 단속들도 빼먹어선 안 됩니다. 그 곳에서는 경관이 당신을 멈춰 세운 후, 마약을 수색하는 일들이 끊임없이 일어납니다. 내가 어딘가에 앉기만 하면, 제복을 입은 사람이 와서 나보고 일어나라고 명령하더군요. 이것 외에도, 교육 내부에 존재하는 억압과 이미 방향이 정해진 채 전달되는 정보 등이 참을 수 없는 것들이지요.

| 세르제 |

몇 가지 구분할 게 있습니다. 우선 부모들은, 특정한 직업을 갖게 하기 위해 아이들을 고등학교에 집어넣습니다. 그들은 이러한 상황을 해칠 수 있는 것은 뭐든지 사전에 막으려고 노력하지요. 두 번째로, 자유롭고 집합적인 행동들 모두를 (그것이 대수롭지 않은 것일지라도) 금지하는 학교 당국이 있습니다. 마지막으로, 교육 그 자체가 있습니다. 그렇지만, 이것은 좀더 복잡한 문제이지요…

| 장-삐에르(Jean-Pierre) |

비록 교육이 근본적으로 억압일 수도 있지만, 대부분의 경우 교사들의 교육은 즉각적으로 억압처럼 느껴지지는 않습니다.

| 미셸 푸코 |

당연합니다. 지식[savoir, 이하의 지식은 모두 savoir이다]의 전달은 항상 긍정적인 외양을 띠고 나타나기 때문이지요. [그러나] 5월의 운동이 폭로했듯이, 현실에서 교육은 이중의 억압으로 기능합니다. 그 과정 속에서 배제되는 것들이 있다는 면에서, 그리고 그것이 지식을 수용하는 이들에게 특정한 규준(norme)과 모델 혹은 격자(grille)를 부과한다는 면에서 말이지요.

| 필립(Philippe) |

그 말은 우리의 교육 체계가, 진실된 지식을 제공하는 것보다는 사회 순응적인 기준에 맞춰 좋은 것과 나쁜 것을 구별하는 것을 제 1의 목적으로 한다는 이야기 같군요…

| 미셸 푸코 |

지식 자체는, 그것의 존재 안에 이미 하나의 특정한 정치적 동형화(conformité)를 포함하고 있습니다. 역사에서, 당신은 몇몇 일들에 대해 알고 다른 것들은 무시할 것을 요구받습니다. 아니, 차라리 몇

몇 일들이 스스로의 내용과 규준 속에서 지식을 구성합니다.

두 가지 예를 들어 보지요. 공식적인 지식은, 항상 정치권력을 사회계급간의 투쟁(귀족제에서의 왕위계승 분쟁이나 부르주아 사회에서 의회를 둘러싼 갈등)의 목표로 제시해 왔습니다. 또한 정치권력은 귀족과 부르주아 사이에서 벌어진 투쟁의 목표로 제시되어 왔지요. 반면에, 인민의 운동은 기근이나 과도한 세금 혹은 실업 등에 의해서 발생하는 것으로 이야기되어 왔습니다. 마치 대중은 배불리 먹는 것만을 꿈꿔 왔을 뿐, 권력의 행사는 결코 바라지 않았던 것처럼 말이지요. 권력과 권력이 행사되고 유지되는 현실적 조건들에 대한 이러한 투쟁의 역사는, 거의 드러나지 않고 있습니다. 지식은 결코 이를 건드리지 않습니다. 그것은 알아서는 안 되는 것이지요. 또 다른 예를 들어보지요. 19세기 초엽, 노동자들은 자신들의 물질적 조건에 대한 방대한 조사(enquêtes)를 실시했습니다. 이 작업들은 맑스 저작의 상당부분을 이루고 있으며, 19세기 동안 이루어진 프롤레타리아트의 조합적 · 정치적 실천의 기반이 되는 한편, 그러한 투쟁을 통해 유지 · 발달되었습니다. 그러나 이러한 지식은 결코 공식적 지식 속에 속한 적이 없습니다. 이 예에서, [공식적] 지식에서 배제된 것은, 현실의 과정들이 아니라 또 하나의 지식입니다. 오늘날 그것이 조금이나마 드러난다면, 그것은 한 단계 건너서야, 즉 맑스의 저작을 통해서 혹은 [배제된 지식 중에서 공식적 지식에] 동화될 수 있었던 요소들을 통해서야 비로소 드러나는 것이지요.

| 장-프랑수아(Jean-François) |

예컨대, 알랑, 너희 학교에는 노동계급 출신 학생들이 꽤 많지 않니?

| 알랑 |

과반수가 조금 안 될 거야.

| 장-프랑수아 |

그런데 역사 수업 시간에 노동조합에 관해 토론한 적 있니?

| 알랑 |

내가 들은 수업 중에는 없었어.

| 세르제 |

내가 들었던 수업에서도 없었어. 커리큘럼이 조직되는 방식을 봐. 저학년일 때, 우리는 과거의 역사만 배우게 돼. 약간은 전복적일 수 있는 유일한 과목인 현대 사상과 운동에 대해 배우려면 16살이나 17살은 되어야 하지. 고등학교 3학년 선생들조차 현대의 사상가들에 대해 다루기를 거부하고 있어. 물론 실제 삶의 문제들에 대해서는 일언반구도 없지. 우리가 고등학교 1학년이나 졸업

반[각각 한국의 고등학교 2학년과 3학년에 해당한다. 프랑스의 교육제도는 학년이 점차 낮아지는 방식이다]에서 그 문제들을 살짝 건드릴 때는, 이미 지나간 교육을 통해 제약받게 된 이후의 일이야.

| 미셸 푸코 |

그것은 현재 일어나고 행해지고 말해지는 것들을 읽어내는 하나의 원칙 — 선택과 배제의 원칙 — 입니다. 그 원칙이란, "결국 당신은 과거로부터 신중히 선별된 것을 통해서만, (좀더 정확히 말하면 나머지 것들을 불분명하게 남겨 놓기 위해 선별된 것들을 통해서만) 현재를 명확히 이해할 수 있다."는 것이지요. 우리는 진리, 인간, 문화, 글쓰기 등의 범주들을 이용해서, 계속해서 드러나는 사건들(événement)을 은폐하려 합니다. 이러한 지독한 역사적 연속성이나 맑스와 프로이트가 이야기하는 불변하는 것의 "귀환"(retours)은, 명확한 목적을 가지고 있습니다. 즉, 두 경우 모두 사건이 가져오는 단절을 배제하려는 시도이지요. 거칠게 말해 우리 사회의 조직된 지식 속에서, 권력과 사건은 배제됩니다. 이것은 놀라운 일이 아닙니다. (지식을 결정짓는) 계급 권력은 사건을 이해 불가능하게 보이도록 만들어야만 합니다. 그리고 사건의 위험성은, 자신을 드러내지 않는 계급 권력의 연속성 속에 용해되고 종속되어야만 하지요. 반면에 프롤레타리아트는, 권력을 향한 투쟁과 연관된 지식을 발전시켜 왔습니다. 그 지식은, 사건을 일으

키고 그것에 화답하며 그것을 피하는 방법 등에 관한 것이지요. 이것은 권력과 사건을 그 중심에 두고 있다는 점에서, 첫 번째 종류의 지식과는 전혀 다른 것입니다.

그러므로 우리는 교육의 근대화와 현실 세계에 대한 그것의 개방성에 환상을 품어선 안 됩니다. 교육은 "휴머니즘"(humanisme)의 가장 오래된 전통적 기반을 유지하며, (지금까지는 간과되어 왔지만) 수많은 근대적 기술(technique)을 빠르고 효율적으로 익히는 것을 돕는 기능을 합니다. 휴머니즘과 그 기술은, 사회가 그 자신이 정해 놓은 선을 따를 때에만, 사회조직의 유지를 보장하고, 사회가 발전하도록 허락하지요.

| 장-프랑수아 |

휴머니즘에 대한 당신의 비판은 어떤 거지요? 다른 지식 전달 체계에서는 어떤 가치가 휴머니즘을 대체할 수 있을까요?

| 미셸 푸코 |

나는, 휴머니즘이란 말을 통해, 서구인에 대해 이야기되어 온 다음과 같은 담론 모두를 가리키는 것입니다. "설사 당신이 권력을 행사하지 않더라도, 당신은 주권자(souverain)일 수 있다. 아니, 더 좋게는 당신이 권력 행사를 포기할수록, 그리고 당신에게 부과된 것들에 더욱 순종할수록, 당신은 더욱더 주권자가 될 수 있다."

[이러한 논리에 따라] 휴머니즘은, 차례로 다음과 같은 일련의 예속적 주권형태들을 발명해 냈습니다. 즉, 몸에 대한 주권자이지만 신에게 순종하는 정신, 판단에 있어 주권자이지만 진리의 질서에 순종하는 의식, 권리의 행사에 있어 주권자이지만 사회의 규칙과 자연법에 순종하는 개인, 내면에서는 주권적이지만 외부적으로는 자신의 숙명에 맞춰야 하는 기본적 자유가 고안되었지요. 다시 말해, 서구 문명에 있어서 휴머니즘은 권력을 향한 욕망을 차단하기 위한 것이었습니다. 그것은 권력에의 욕구를 금지하고, 권력을 빼앗길 가능성을 배제하는 것이었지요. 휴머니즘의 핵심은, 주체의 (주체가 담고 있는 두 가지 의미[주체/종속]를 포함한) 이론이며, 이것이 그 동안 서구 문화가 휴머니즘을 약화시킬 수 있는 모든 것들을 완고하게 배제해 온 이유입니다.

그러나 이것을 공격할 수 있는 두 가지 방법이 있습니다. 하나의 방법은, 권력에의 의지의 "탈종속화"(désassujettissement)를 통한 것입니다. 즉, 계급투쟁과 결합된 정치적 투쟁을 전개하는 것이지요. 두 번째 방법은, 주체를 의사-주권자(pseudo-soverain)로 파괴하는 것입니다. 즉, 성에 부과되는 분할 · 제한 · 금기의 억압에 맞서고, 공동체적 실존 양식을 실천하고, 마약과 관련된 금지를 붕괴시키고, 규범적 개인의 발전을 가져오는 모든 금기들을 깨부수는, 문화적 공격을 감행하는 것이지요. 내 생각엔, 서구 문명은 이러한 모든 경험들을 거부하고, 오직 문학의 요소로서만 수용하고 있는 것 같습니다.

| 장-프랑수아 |

르네상스 이후로요?

| 미셸 푸코 |

로마법 이후부터라고 해야겠군요. 로마법은, 개인을 순종하는 주권자로 정의하는 우리 문명의 기반입니다. 사적 소유의 체계는 바로 이러한 구상을 담고 있지요. "소유자는 그의 재산의 유일한 주인이다. 그는 자신의 재산을 사용하거나 남용할 수 있다. 다만 그는 그의 소유의 기반이 되는 법 전체에 따라야 한다." 로마의 체계는 국가를 구조화하고, 소유의 기본을 확립했습니다. 그것은, 권력에의 의지를 권력을 소유한 자에 의해서만 행사할 수 있는 "소유에 대한 주권적 권리"에 고정시킴으로써, 권력에의 의지를 통제했습니다. 이러한 교환을 통해, 휴머니즘은 제도화되었지요.

| 장-삐에르 |

사회는 하나의 조직화된 전체를 이룹니다. 그것은 스스로의 존재를 재생산하고 영속화하고자 하기 때문에, 본성상 억압적이지요. 어떻게 투쟁해야 할까요? 우리는 보수와 진화의 일반적 법칙을 따르며 분해될 수 없는 전반적인 유기체(organisme)를 상대하고

있는 것입니까? 아니면 한 계급이 다른 계급에 맞서 자신의 이익을 유지하려 하는, 즉 한 계급은 질서를 유지하려 하고 다른 계급은 그것을 파괴하려 하는 좀더 분화된 전체를 상대하고 있는 것일까요? 내가 보기에, 이 질문에 대한 답은 명백하지 않은 것 같습니다. 나는 첫 번째 가설을 지지하지는 않습니다. 그러나 두 번째 가설은 너무 단순해 보입니다. 사실 스스로를 영속화하는 사회체 속에는 분명히 상호의존성이 존재하거든요.

| 미셸 푸코 |

1968년 5월의 운동은 최고의 답변을 제시해 줍니다. 교육 체계에 종속되었던, 반복적인 상황과 보수주의의 가장 구속적인 형태에 종속되었던 개인들이, 혁명적 전투를 전개했습니다. 이러한 점에서 1968년 5월에 불거진 사유의 위기는 매우 뿌리 깊은 것입니다. 그것은 사회를 매우 혼란스럽고 당황스런 상태에 빠뜨렸으며, 사회는 아직 그러한 상황에서 벗어나지 못했습니다.

| 장-삐에르 |

그러나 교육은, 휴머니즘이나 사회적 억압의 유일한 도구는 아닙니다. 취학 전이나 학교 바깥에서 작동하는 더 본질적인 메커니즘이 존재하지요.

| 미셸 푸코 |

맞습니다. 우리는 대학의 안팎에서 실천해 나가야 합니다. 오랜 시간 동안 교육자로 일해 온 나 같은 사람에게, 그것은 항상 어려운 문제였습니다. 우리는 1968년 5월을 통해 대학은 붕괴했고 문제는 해결되었으며, (사법 체계, 감옥 체계, 정신 병원 등에서의 억압에 맞서 투쟁한 나와 내가 속한 집단들이 실제로 했던 것처럼) 이제 다른 문제들로 나아가야 한다고 생각해야 할까요? 아니면, 이러한 방향으로 나아가는 것은, 나를 여전히 구속하는 명확한 사실들을 회피하는 방법일 뿐일까요? 다시 말해, 대학의 구조는 여전히 본래대로 남아 있으며, 우리는 여전히 이 영역에서 싸워야만 하는 걸까요?

| 장-프랑수아 |

개인적으로, 나는 대학이 실제로 사라질 거라고 생각하진 않습니다. 마오주의자들이, 하나의 탄탄한 기반을 구성할 수 있는 대학을, 그저 좀더 복잡하고 어려운 일들에 적합한 노동력을 생산해 내는 공장으로 취급하는 것은 오류라고 생각합니다. 확실히 대학은 붕괴했었습니다. 그리고 우리는 그 균열을 넓히고, 지식 전달 체계에 돌이킬 수 없는 단절을 만들어내야만 했었지요. [그러나] 학교와 대학은 여전히 결정적인 장소로 남아 있습니다. 비록 어떤 사람이 알코올 중독 아버지와 침실에서 다림질이나 하는 어머

니를 가지고 있다 해도, 5살에 모든 것을 다 할 수는 없으니까요.

| 장-삐에르 |

대학에서의 반란은, 그 즉시 항상 동일한 문제에 부딪히게 됩니다. 우리들, 즉 교육으로부터 대단한 걸 배우지 못한 혁명가들은, 직업교육을 받고 공부하기를 원하는 학생들과 충돌하게 되지요. 어떡해야 할까요? 새로운 방법과 내용을 갖춘, 새로운 교육의 길을 찾아야 할까요?

| 장-프랑수아 |

결국 그러한 시도는, 현존 구조의 효율성을 개선하고 그 체계에 맞는 인간을 만들어내는 것이 될 뿐이야.

| 필립 |

그렇지 않아. 우리는 체계의 재생산으로 나아가지 않고, 다른 지식들을 다른 방식으로 배울 수 있어. 만약 우리가 대학에 약간 타격을 가한 후에 그것을 내버려둔다면, 그 기구가 계속해서 기능하고 관성을 통해 재생산될 여지를 주게 되는 거야. 우리가 그 체계의 희생자들의 지지를 얻을 수 있는 구체적 대안을 제시하지 못한다면, 그 때도 결과는 마찬가지겠지.

| 미셸 푸코 |

대학은, 사회가 적은 비용으로 그리고 평온하게 스스로의 재생산을 보장받는 제도적 장치입니다. 대학에서의 무질서와 그것의 쇠퇴는, — 그것이 현상적이든 실제적이든 간에 — 반복과 동일성, 자기 보존을 향한 사회의 의지까지 파괴하진 못할 겁니다. 여러분들은 체계의 사회적 재생산 순환을 파괴하기 위해 무엇을 해야 하느냐고 물었지요. 이를 위해서는 대학을 전복하거나 제거하는 것으로는 충분치 않습니다. 억압의 다른 형태들 역시 공격되어야 하지요.

| 장-삐에르 |

필립과는 달리, 나는 "다른" 교육이라는 생각을 지지하지 않습니다. 반면에, 나는 혁명적 압력 속에서는 대학이 자신의 기능을 바꾼다는 사실에 흥미가 있습니다. 이런 식으로 대학은 현재의 조건을 해체하고, 기존의 가치와 지식을 파괴하는 데 기여하게 되지요. 게다가 점차 많은 교사들이 이러한 작업을 위해 노력하고 있습니다.

| 프레데릭(Frédéric) |

대학이 마침내 그런 지점까지 이를 수 있다 하더라도, 그러한 종류의 경험들은 여전히 극히 드뭅니다. 1969년 베르크손 고교의

철학 교사였던 세닉(Sénik)[2] 정도만이 생각나는군요. 그는 실제로 교육과 지식의 지위를 위태롭게 했습니다. 물론, 그는 재빠르게 고립되고 배제되었지요. 대학 제도는 여전히 스스로를 방어하는 메커니즘을 소유하고 있습니다. 그것은 여전히 많은 것들을 통합하고, 그들이 흡수할 수 없는 외부의 것은 배제해 버릴 수 있지요.

당신은 마치 1968년 5월 이전 프랑스의 대학들이, 우리 사회 같은 산업 사회에 적합했던 것처럼 이야기하고 있습니다. 하지만 내가 보기엔, 그들은 그렇게 이윤이 되거나 기능적이지 않았고, 오히려 매우 낡은 것이었습니다. 5월의 사건은 확실히 고등 교육의 낡은 제도적 틀을 부서뜨렸지요. 그러나 그러한 청산이 지배계급에게 부정적인 것이었을까요? 체계는 훨씬 더 기능적으로 재구축되었습니다. 지배 계급은 기술 관료의 선별에 있어 으뜸가는 역할을 하는 〈고등사범학교〉(les grandes écoles)를 보존해야 한다는 걸 알고 있었습니다. 또한 그들은 프랑스 최초의 미국식 경영 대학인 〈도핀느〉(Dauphine) 같은 곳을 설립할 수 있었지요. 결과적으로 지난 3년간 분쟁들은, 체계를 공격하지도 출구를 찾지도 못하면서 〈뱅센느대학〉과 〈낭테르대학〉 일부에 갇혀버렸습니다.[3] 두 대학은 조그마한 좌파 물고기들을 가두는 하나의 그물

---

2. 젊은 철학 교사였던 세닉은, 자신의 수업시간에 장학관이 방문하는 것을 거부하여 학교로부터 추방당했다.
3. 5장의 주 2를 참고하라.

이었던 것이지요. 이제 대학은 자신의 낡은 구조를 제거하고, 신자본주의의 요구에 실질적으로 적응했습니다. 지금은 그 전장(戰場)으로 되돌아가야 할 때인 것입니다.

| 미셸 푸코 |

나는 가장 피상적인 의미에서 "대학의 죽음"을 이야기해야 한다고 생각합니다. 1968년 5월의 사건들은, 19세기에 시작된 고등 교육 형태들 — 소수의 젊은이들을 사회적 엘리트로 변환시키는 신기한 제도로서의 대학 — 을 효과적으로 종결시켰지요. 그럼에도 사회가 자신의 지식을 전달하고, 지식이란 가면 아래 그 자신을 전달하는 거대한 메커니즘은 그대로 남아 있습니다. 신문이나 텔레비전, 기술학교 그리고 대학보다 훨씬 더한 고등학교 같은 곳에 말이지요.

| 세르제 |

고등학교에서의 억압은 거의 주목받지 못하고 있습니다. 교육은 병들었지만, 오직 소수만이 이것을 인식하고 여기에 맞서 싸우려 하고 있어요.

| 알랭 |

그리고 우리 학교에서는, 2~3년 전에 있었던 정치화된 소수마저

이제는 사라져 버렸어.

| 장-프랑수아 |

긴 머리는 여전히 무언가 발언하길 원한다는 상징이니?

| 알랭 |

더 이상은 아니야. 유행에 민감한 애들도 머리를 기르는 걸.

| 장-프랑수아 |

마약은?

| 세르제 |

마약은 그 자체로는 아무 일도 아니야. 마약을 하는 아이들에게, 그건 직업을 가지는 것에 대한 완전한 거부를 의미하지. 정치화된 학생들은 공부를 계속하지만, 마약을 먹는 아이들은 학교에서 이탈해 버려.

| 미셸 푸코 |

반(反)-마약 투쟁은, 사회적 억압을 재강화하기 위한 구실입니다. 그것은 경찰 병력의 재배치일 뿐 아니라 정상적이고, 합리적이며, 의식적이고 잘 조정된 개인에 대한 찬양이기도 합니다. 우리는

이러한 고정된 이미지를 모든 곳에서 발견할 수 있습니다. 『프랑스-스와』(*France-soir*)지의 오늘자 헤드라인을 보십시오. 거기에는 프랑스 인구의 53%가 사형 제도를 지지한다고 쓰여 있더군요. 한 달 전에는 불과 38%만이 이를 지지했는데요.

| 장-프랑스아 |
그 수치는 〈클레보(Clairvaux) 감옥〉에서 일어난 폭동 때문이기도 하겠지요?

| 미셸 푸코 |
명백히 그런 것 같습니다. 사람들은 범죄자의 무서움에 대해 이야기하고, 그것을 괴물들의 위협인 양 마구 휘둘러대면서, 선과 악, 허용된 것과 금지된 것이라는 이데올로기를 강화하고 있습니다. 그런데 오늘날 이런 문제는 교육자들도 과거와 같은 확신을 가진 채 가르치기 곤란한 주제이지요. 철학 교사들이 더 이상 에둘러서도 말하지 못하는 것들을, 이제 언론인들은 아주 직접적으로 말하고 있습니다. 당신은 다음과 같이 말할지도 모르겠습니다. "항상 그렇지 않았습니까? 교사나 언론인들은 항상 동일한 것을 말하기 위해 존재해 왔는데요." 그러나 오늘날 같은 것에 대해 언론인들은 좀더 강경하고 완고하게 이야기하도록 권유되고 부추겨지고 조장되고 있는 반면에, 교사들은 더 이상 그렇게 말하지 못합니다.

한 사례를 들려주지요. 〈클레보 감옥〉의 폭동으로 인해, 여러 감옥에서 일주일 동안 복수가 이어졌습니다. 여기저기서 간수들이 죄수들을 폭행했고, 청소년이 수감된 〈플뢰리-메로지(Fleury-Mérogis) 감옥〉은 특히 심했지요. 그 곳의 수감자 어머니 중 한 분이 우리를 찾아왔더군요. 나는 그녀와 함께 그의 증언을 방송하기 위해 〈라디오 룩셈부르그〉(R.T.L)을 찾아갔습니다. 그런데 한 기자가 우리를 보자고 하더니 다음과 같이 말하더군요. "당신도 알겠지만, 난 이 일에 별로 놀라지 않습니다. 감옥의 간수들은 죄수들만큼이나 멍청이거든요." 고등학교에서 교사가 이렇게 말했다면, 작은 폭동이 일어나 교사가 따귀를 맞았을지도 모르는 일이지요.

| 필립 |

맞습니다. 교사들은 그런 식으로 말하지 않아요. 그들이 더 이상 그렇게 말할 수 없기 때문일까요? 아니면 자신의 역할을 유지하기 위해 다른 방식으로 말하기 때문일까요? 당신이 보기엔, 우리가 어떻게 탄원을 하거나 개혁적인 실천을 하는 것에 그치지 않고, 이데올로기와 억압의 메커니즘 자체에 맞서 투쟁할 수 있지요?

| 미셸 푸코 |

내 생각엔, 적절한 시기의 국지적 행동은 충분히 성공할 수 있습

니다. 지난 시기 동안의 〈감옥정보집단〉 활동을 보십시오. 그것의 개입이 갖는 궁극적 목적은, 죄수 면회 시간을 30분 늘리거나 형무소에 수세식 화장실을 놓아주는 데 있지 않았습니다. 그것의 목적은 무죄와 유죄 간의 사회적·도덕적 구분 자체에 의문을 제기하는 것이었지요. 그리고 그것이 철학적 제안이나 휴머니즘적인 염원에 그치지 않기 위해서는, 현실에 대한 문제제기를, 특정한 상황과 관련된 실천과 행위의 수준에서 수행할 필요가 있었습니다. 형벌 체계와 관련해서, 휴머니스트들은 다음과 같이 말할 겁니다. "유죄는 유죄고 무죄는 무죄다. 그럼에도 죄수도 다른 이들과 같은 사람이며, 사회는 그를 인간으로 존중해야 한다. 그러므로 수세식 화장실을 놓아주자!" 반면, 우리의 행동은 범죄자 뒤에 있는 인간성이나 영혼을 찾기 위한 것이 아니었습니다. 우리는 무죄와 유죄 사이에 놓여 있는 깊은 경계를 지워버리는 걸 목표로 했지요. 이것이 바로, 솔다드(Soledad)에서의 판사의 죽음에 관해, 즉 요르단에서 팔레스타인인들에 의해 발생한 비행기 납치 사건에 대해 쥬네(Jean Genet)[4]가 제기한 문제였습니다. 언론에서는, 사막 한가운데에 명확한 이유도 없이 붙잡혀 있었던 불운한

---

4. [옮긴이] 장 쥬네(1910~1986)는 프랑스의 극작가이자 시인이다. 사회에서 버림받은 자들의 체험을 중심으로 한 그의 작품은, 화려한 이미지를 통해 악을 찬미하는 것으로 유명하다. 또한 쥬네는 팔레스타인인들의 독립 운동 지원에 많은 관심을 가지고 그들과 난민촌에 함께 생활하기도 하였다. 쥬네와 푸코는 1970년대 초반, 반인종주의 투쟁을 위한 위원회에서 함께 활동한 바 있다.

관광객과 그 판사의 운명에 대해 슬퍼했습니다. [반면에] 쥬네는 다음과 같이 말했지요. "그렇지만 이런 식의 여행을 할 만한 충분한 돈을 갖고 있는 미국인 여성과 판사는, 과연 무죄일까요?"

| 필립 |

그렇다면 당신의 핵심적인 목표는, 정치적 · 경제적 제도에 맞선 당장의 투쟁들을 무시한 채, 우선 사람들의 의식을 변형시키는 데 있는 건가요?

| 미셸 푸코 |

당신은 나에 대해 완전히 오해하고 있군요. 단지 의식을 고취하는 문제였다면, 신문을 발행하거나 책을 써내는 걸로도 충분했을 겁니다. 혹은 라디오나 텔레비전 제작자를 찾아갔겠죠. 우리는 제도의 핵심부—선과 악, 무죄와 유죄 같은 개념에 기반한 단순한 이데올로기를 구현하고, 그 이데올로기가 가장 극심한 곳—을 공격하길 원했습니다. 우리는 제도의 두꺼운 층을 통해 경험되고, 제도 속에서 부여되고 결정화되고 재생산되는 이러한 이데올로기를 바꾸고 싶었습니다. 간단히 말해, 휴머니즘은 제도를 건드리지 않고 이데올로기 체계를 바꾸기를 원하지요. 그리고 개혁주의자들은 이데올로기 체계를 건드리지 않고 제도만 바꾸길 원합니다. 반면에, 혁명적 실천은 의식과 제도를 동시에 뒤흔드는 것으로 정

의될 수 있습니다. 즉, 이것은 권력관계와 그것의 도구, 무기, 갑옷을 공격한다는 것을 의미합니다. 형벌 체계가 붕괴된다면, 철학 수업과 거기서 가르쳐지는 도덕적 코드들이 바뀌지 않은 채 유지될 수 있을까요?

| 장-삐에르 |

반대로 생각해서, 우리가 교육 체계를 변화시킨다면 감옥의 사람들을 현재와 같은 방식으로 다룰 수 있을까요? 무엇보다 우리가 한 분야에 갇히지 않는 것이 중요합니다. 한 분야에 갇히게 되면, 결국에는 개혁주의로 귀결될 위험이 있지요. 우리는 교육 체계에서 감옥으로, 감옥에서 정신병동으로 이동해 나가야 합니다. 이것이 당신의 주된 생각 아닌가요?

| 미셸 푸코 |

사실 우리는 이미 정신병동에도 개입하기 시작했습니다. 여기서도 우리는 감옥에서 사용했던 방법들, 즉 어쨌든 부분적으로는 지금까지 조사되어 온 이들 자신에 의해 벌어지는 투쟁을 조사하는 식의 방법을 사용했지요. 정신병동의 억압적 역할은 잘 알려져 있습니다. 사람들은 갇힌 채, 화학적인 혹은 심리학적인 치료를 받아야 합니다. 또한 그들은 이에 대한 권리가 조금도 없으며, 구속복(拘束服)을 입은 채 제대로 치료받지 못하기도 합니다. 그러

나 정신의학은 훨씬 더 멀리까지 뻗쳐 있습니다. 우리는 사회 복지사들이나 직업적 카운슬러들, 그리고 심리분석가나 정신의학 분야에서 일하는 의사들을 만날 수 있지요. 일상생활에 퍼져 있는 이러한 정신의학적 요소들 전체는, 중립적으로 보이는 억압과 치안의 질서를 형성합니다. 이러한 침투는 사회 전반에 퍼져 있으며, 신문에 이런 저런 충고를 기고하는 정신의학자들은 세지도 않은 것입니다. 만약 우리가 그것을 자세히 관찰하고 권력의 보이지 않는 손을 폭로한다면, 아마 일상생활의 정신병리학은, 욕망의 무의식이나 일상생활의 "정신의학화"를 보여줄 수 있을 겁니다.

| 장-프랑수아 |

당신은 어느 수준까지 실천할 생각이지요? 당신은 사회복지사들과 연합할 생각입니까?

| 미셸 푸코 |

아니오. 우리는 고등학생들과, 학생들과, 감시 훈련 체계에 속한 사람들과, 그리고 그들의 연구를 선택하는 데 있어서나 가족과의 관계에 있어서 혹은 성적 욕망이나 약물과의 관계에 있어서 심리학적이고 정신의학적인 억압에 종속되어 있는 이들 모두와, 함께 작업하고 싶습니다. 우리는 그들이 정신의학이란 명목하에 그리고 정상인이란 명목하에, 즉 휴머니즘이란 명목하에, 어떠한 방식

으로 분할되고, 분리되며, 선택되고, 배제되는지 알고 싶습니다.

| 장-프랑수아 |

정신병동에서 내부에서 벌어지고 있는 반-정신의학 운동에는 관심이 없습니까?

| 미셸 푸코 |

정신병동에 접근하는 건 제한되어 있기 때문에, 이것은 기본적으로 정신의학자들의 작업이 될 겁니다. 그렇지만, 우리는 수용소에 반대하는 이 반-정신의학 운동이, 결국에는 정신병원을 전 사회로 확대하고 정신의학의 일상생활에의 개입을 늘리는 것으로 귀결되지 않도록 주의를 기울여야 합니다.

| 프레데릭 |

감옥에서의 상황은 확실히 더 좋지 않습니다. 왜냐하면 그 곳에서는 희생자와 억압의 대리인들 사이에, 갈등 외의 다른 관계 맺음이 존재할 수 없기 때문이지요. 어떤 "진보적인" 간수도 이 투쟁에 협력할 수는 없을 겁니다. 반면에, 수용소에서의 투쟁은 희생자들에 의해서가 아니라 정신의학자들에 의해 지도되고 있습니다. 억압의 대리인들이 억압에 반대해서 싸우는 꼴이지요. 이것이 실제로 장점이 될 수 있을까요?

잘 모르겠군요. 감옥에서의 반란과는 달리, 정신 병동에서의 환자들의 불복종은 확실히 집단적이고 정치적인 불복종으로 나아가는 데 많은 어려움을 갖고 있습니다. 중요한 것은 수용소에 격리되어 있는 환자들이, 제도에 맞서 싸울 수 있고 마침내는 그들을 정신병으로 진단하고 배제해 왔던 분할 자체를 공격할 수 있다는 사실을 깨닫는 것이지요. 정신의학자인 바살리아(Basaglia)[5]는 이탈리아에서, 환자들과 의사와 병원 직원들을 모두 결합시켜 버리는 실험을 했다고 합니다. 여기서 중요한 것은, 이들이 각자가 스스로의 판타지를 제기하고 원초적인 장면을 재상연하는 사회심리극(socio-drame)을 개작했다는 데 있는 게 아니라, 다음과 같은 질문, 즉 수용소의 환자가 자신들을 미쳤다고 선언한 사회 구조에 맞서 정치적인 투쟁을 수행할 수 있는가라는 질문을 제기했다는 데 있습니다. 이 실험은 폭력적으로 금지됐지요.

---

5. 프랑코 바살리아(1924~1980)는 이탈리아의 정신의학자로, 이탈리아에서의 반-정신의학 운동을 이끌었다. 그는 의사나 직원들에게 환자의 치료를 위임하는 것을 반대하면서, 환자를 포함한 정신병원 관계자 모두가 참여하는 총회 등을 강화하여, 직원, 환자, 의사들 간의 새로운 관계를 만들어내려고 하였다. 이후 바사글리아는 정치에 입문하여, 이탈리아 전역의 정신 병원에 정신질환자의 추가 입원을 금지시키고, 정신질환자들이 각자의 지역 사회로 돌아가 치료를 받게 하는 법령을 통과시키기도 했다.

| 프레데릭 |

정상적인 것과 병리적인 것 사이의 구분은, 무죄와 유죄 간의 구분보다 여전히 훨씬 더 강합니다.

| 미셸 푸코 |

그들은 서로를 강화시킵니다. 어떤 판단이 선과 악의 차원에서 이루어질 수 없을 때, 그것은 정상과 비정상이라는 용어로 표현됩니다. 그리고 이 최종적 구분에 대한 정당화가 필요할 경우, 사람들은 개인에게 무엇이 좋고 무엇이 해로운지의 문제로 되돌아오지요. 이것은 서구인의 의식을 구성하고 있는 이원론을 잘 보여줍니다.

보다 일반적으로, 이것은 잘게 나뉘어서는 체계에 맞서 싸울 수 없다는 것을 의미합니다. 우리는 모든 전선에서 — 대학에서, 감옥에서, 그리고 정신의학의 영역 등에서 — 그것과 싸워야 합니다. 우리는 이들 모두를 동시에 공격할 힘이 없기 때문에, 차례로 이들을 공격해야 합니다. 우리는 가장 단단한 장애물을 타격하고 쓰러뜨립니다. 그러면 체계는 다른 곳에서 균열을 드러내고, 우리는 계속해서 싸웁니다. 우리가 이기는 것처럼 보이지만, 제도는 다시 재건되고, 우리는 다시 시작해야 하지요. 이것은 기나긴 투쟁이고, 반복적이며, 통일성이 없는 것처럼 보일지도 모릅니다. 그러나 문제되는 체계가 그리고 그 체계를 통해 작동하는 권력이,

그것에 통일성을 부여해 줄 겁니다.

| 알랭 |

진부하지만, 여전히 피해갈 수 없는 질문을 하나 하지요. 무엇이 체계를 대체할까요?

| 미셸 푸코 |

내 생각엔, 다른 체계를 상상하는 것은, 실제로는 여전히 기존 체계의 한 부분에 속하는 것 같습니다. 소련 역사에서 일어난 일들은, 이 점을 잘 보여줍니다. [소련에서] 겉보기엔 새로웠던 제도들은, 실제로는 기존의 체계로부터 추출된 요소들에 기반하고 있었습니다. 적군(赤軍)은 짜르의 군대 모형을 재구성한 것이고, 예술에서의 리얼리즘의 복귀는 전통적인 가족적 도덕에 대한 강조를 가져왔지요. 소련은 19세기 부르주아 사회의 규준들을 재도입했고, 아마도 이는 현실에 대해 고민 때문이라기보다는 유토피아주의 때문인 것 같습니다.

| 프레데릭 |

그 의견에는 동의할 수 없군요. 맑스주의는 스스로를 공상적 사회주의와 대립하는 과학적 사회주의로 정의했습니다. 그것은 미래사회에 대해 말하는 것을 거부해 왔지요. 소련 사회는 내전으

로 인해 발생한 구체적인 문제들에 포위돼 있었습니다. 전쟁에서 승리해야 했고, 공장은 돌아가야만 했지요. 결국 소련은, 사용가능하면서 즉각적인 효과를 낳을 수 있는 유일한 모델—즉, 군사적 위계제와 테일러주의—의 힘을 빌릴 수밖에 없었던 겁니다. 만약 소련 사회가 점차 부르주아 사회의 규범들과 동화되어 갔다면, 그것은 뾰족한 대안이 없었기 때문일 겁니다. 문제가 되는 것은 유토피아가 아니라 그것의 부재입니다. 아마도 유토피아는 하나의 동력(動力)이 될 수 있을 겁니다.

| 장-프랑수아 |

현재의 운동은, 단편적이고 억압된 경험의 장을 뚫고 나아갈 유토피아 모델과 이론적 성찰을 요구하는 것 같습니다.

| 미셸 푸코 |

정반대로 말해 보면 어떨까요? 일반 이론과 담론은 포기되어야 하지 않을까요? 이론에 대한 요구는, 이미 우리가 더 이상 원하지 않는 체계의 한 부분인데요.

| 장-프랑수아 |

당신은 순진하게 이론에 도움을 요청하는 행위는, 이미 부르주아적 지식의 동학과 연결되어 있다고 생각하는군요?

| 미셸 푸코 |

아마 그런 것 같습니다. 나는 경험 대신에 유토피아를 추구하는 것에 반대합니다. 미래사회는 아마도 마약, 섹스, 공동체적 삶의 경험과, 다른 의식, 개인성의 다른 형태들을 통해 구체화될 겁니다. 만약 19세기 과학적 사회주의가 유토피아를 통해 분명해졌다면, 아마 20세기의 진정한 사회주의화는 경험들을 통해 나타날 겁니다.

| 장-프랑수아 |

1968년 5월의 경험은, 물론 권력의 경험이었습니다. 그러나 그것은 이미 하나의 유토피아적 담론을 가지고 있었습니다. 즉, 5월은 담론으로 공간을 정복하고자 했던 시도였지요.

| 필립 |

불충분한 담론들이었지요. 기존 좌파의 성찰들은, 5월에 해방된 열망들과 피상적으로만 부합하는 것이었습니다. 만약 그 운동에 전망을 제시해 주는 성찰이 있었다면, 그 운동은 훨씬 더 멀리 나아갈 수 있었을 겁니다.

| 미셸 푸코 |

글쎄요. 확신할 순 없군요. 그러나 장-프랑수아가 권력의 경험이

라고 말한 건 일리가 있습니다. 수만 명의 사람들이 위계적 유기체의 형태와 분리된 권력을 행사했다는 사실은 매우 중요합니다. 다만 당연히 지배 계급이, 어렵사리 내놓은 그 권력을 가급적 빨리 재획득해 나갔기 때문에, (이번에는) 그 경험이 몇 주 동안만 유지될 수 있었지요.

| 필립 |
내가 제대로 이해했다면, 당신은 미국의 자유 대학들(universités libres)처럼 기존의 제도에 대응하는 회로들(circuits)을 재창조하는 것은, 무익하거나 철없는 짓이라고 생각할 것 같군요.

| 미셸 푸코 |
만약 당신이 공적 제도를, 같은 기능을 수행하는— 다른 방식으로 더 효과적으로 수행하는— 제도로 대체하려 한다면, 당신은 이미 지배 구조에 재흡수된 것입니다.

| 장-프랑수아 |
나는 운동이 현재의 상태에 머물러야 한다고 생각지 않습니다. 현재의 운동이 기반하고 있는 이데올로기는 매우 모호하고 느슨하며, 즉각적인 지지자들을 넘어서서 공통의 업무나 사회적 과제를 책임지는 것을 거부하고 있습니다. 그것은 "사회적인 것의 총

화" (ensemble de la société)를 가정하지 않으며, 또한 사회를 전체로서 느끼지도 못하고 있지요.

| 미셸 푸코 |

당신은 사회 전반이 일반적인 담론 없이, 산개해 있고 서로 대립하는 경험들에 기반해 작동할 수 있는가를 묻고 있군요. 반면에 나는 이 "사회적인 것의 총화"라는 관념은, 유토피아 사상과 연결되어 있다고 생각합니다. 이러한 관념은, 서구 세계에서, 즉 자본주의에 이르는 매우 특수한 역사적 궤적 속에서 발생한 것이지요. 우리가 인식하는 유일한 형태 외부에 존재하는 "사회적인 것의 총화"에 대해 말하는 것은, 비몽사몽간에 내지르는 허튼소리입니다. 흔히 사람들은, 어떤 경험 · 행동 · 전략 · 기획 등이 "사회적인 것의 총화"를 고려해야 한다고 요구하면서, 그것이 최소한의 요구라고 생각합니다. 그것은 살아가기 위해 필요한 최소한의 요구라고 말이지요. 나는 반대로 그것이 최대한을 요구하는 것이며, 심지어 불가능한 조건을 요구한다고 생각합니다. 왜냐하면 "사회적인 것들의 총화"는 정확히 수단으로 기능하며, 실현될 수도, 달성될 수도, 영구화될 수도 없는 것이기 때문입니다. "사회적인 것의 총화"는 파괴의 대상으로서만 고려되어야 합니다. 그리고 우리는 그와 유사한 것이 다시는 존재하지 않기를 희망해야 하지요.

| 프레데릭 |

서구의 사회적 모델은, 국가에 의해 구체화되는 사회 전체로 보편화되었습니다. 이것이 가장 좋은 모델이어서가 아니라, 그것이 물질적인 힘을 갖고 있으며, 뛰어난 효율성을 발휘했기 때문이었지요. 문제는, 지금까지 체계에 대항했던 모든 성공적인 반역들이 유사한 종류의 조직을 재강화하는 것으로 귀결되었다는 것입니다. 게릴라에 의한 것이든지 국가에 의한 것이든지, 그 반역들은 지배 구조에 상응하는 형태를 만들어냈고, 권력의 중앙집중 문제를 야기했지요. 레닌주의뿐 아니라 마오주의도 마찬가지였습니다. 부르주아 조직과 군대에 대항하는 인민 조직과 군대, 프롤레타리아 국가와 프롤레타리아 독재 등등… 이러한 것들은 권력을 잡기 위한 도구이고, 이행기를 거친 후에는 사라질 것이라고 여겨졌습니다. 그러나 볼셰비키의 경험에서 볼 수 있듯이, 전혀 그렇지 않았지요. 중국의 문화 혁명 역시, 이러한 것들을 완전히 제거하지는 못했습니다. 승리를 위한 조건으로, 그들은 해방에 기여할 수 있는 자발성들을 배반하는 동학들을 유지해야 했습니다. 이것은 하나의 모순, 아마도 혁명적 행동의 가장 근본적인 모순일 겁니다.

| 미셸 푸코 |

당신의 이야기에서 주목할 것은, 그 예들이 "지금까지"의 형태라

는 점입니다. 그러나 정확히 말해서 혁명적 기획은, 현재에 맞설 뿐 아니라, "지금까지"의 법칙에도 맞서게 될 것입니다.

미셸 푸코 연보

1926년

10월 15일 프랑스의 뽀와띠에(Poitiers)에서 태어났다. 푸코의 아버지는 외과의사, 어머니는 가정주부였으며, 누나와 남동생이 있었다.
미셸 푸코는 뽀와띠에에서 초등교육과 중등교육을 마쳤다.

1945년

파리로 유학하여 〈앙리 4세 고교〉(Lycée Henry IV) 고등사범학교 준비반에서 공부했다. 이 학교에 몇 달 동안 임시 선생으로 와 있었던 장 이뽈리뜨에게서 철학을 공부했다.

1946년

〈고등사범학교〉에 입학했다. 〈고등사범학교〉에서의 푸코는 음울하고 공격적인 학생이었다고 전해진다. 1948년에 그는 자살을 기도하기도 하였다.

1950년

교수 자격시험에 낙방. 이 해에 푸코는 루이 알뛰세의 영향으로 〈프랑스 공산당〉에 가입했다.

1951년

교수 자격시험에 재도전하여 철학교수 자격을 획득했다.

1952년

〈파리 심리학회〉로부터 정신병리학 자격증을 받았다.

1953년

'의사들의 음모 사건'이 계기가 되어 공산당에서 탈당했다.

1954년

자끌린 베르도가 번역한 루드비히 빈스방거의 『꿈과 실존』에 긴 서문을 달아 출판하였다.

1955~1958년

스웨덴의 〈웁살라 대학〉 프랑스 학과에서 조교로 일하면서, 주로 프랑스 문학에 대해 강의하였다. 푸코는 이 곳에서 조르쥬 뒤메질을 만났으며, 웁살라의 〈프랑스 문화관〉 관장 자리를 맡기도 하였다.

1958년

폴란드 〈바르샤바 대학〉의 〈프랑스 연구센터〉 소장직을 맡았다.

1959년

독일의 함부르크에 있는 〈프랑스 문화원〉 원장직을 맡았다. 스웨덴 시절부터 준비해 오던 광기에 관한 박사학위 논문을 함부르크에서 완성한 것으로 보인다.

1960년

프랑스로 돌아와 〈클레르몽-페랑 대학〉의 문과대학 심리학과의 전임강사를 지냈다.

1961년

「고전주의 시대의 광기의 역사」를 주논문으로, 서문과 주석을 곁들인 칸트의 「인간학」 번역을 보조논문으로 제출하여 박사학위 논문을 받았다. 주논문 지도교수는 조르쥬 깡길렘, 부논문 지도교수는 장 이뽈리뜨였다. 주논문을 『고전주의 시대의 광기의 역사』로 출판하였다.

1962년

〈클레르몽-페랑〉대학의 철학과 교수로 승진하였다.

1963년

프랑스의 시인이자 소설가인 레이몽 룻셀(Raymond Roussel)에 대한 전기와 비평문을 썼다. 이후 문예비평에 집중하여 바따이유, 블랑쇼, 끌로소프스키에 관한 일련의 논문들을 썼다.

1966년

『말과 사물』을 출간한 이후, 튀니지에 위치한 〈튀니지대학〉으로 취임하였다. 이 곳에서 그는 튀니지 학생들의 격렬한 학생운동을 접하고 다시 현실 정치 운동에 뛰어들게 된다.

1968년

1968년 5월 혁명이 발생했던 이 해 말경에 프랑스로 돌아와, 〈뱅센느 실험대학〉 설립에 참여하였다. 이 대학 철학과 교수가 되었으며, 뱅센느 대학생들의 투쟁에 동참하였다.

1969년

이뽈리뜨의 후임으로 〈꼴레쥬 드 프랑스〉의 교수로 선출되었다. 『지식의 고고학』을 출간하였다.

1970년

후에 『담론의 질서』로 출간된, 〈꼴레쥬 드 프랑스〉 개강 강의를 하였다.

1971년

〈꼴레쥬 드 프랑스〉에서 '앎에의 의지'에 대한 강의를 하였다. 장-마리 도메나크, 클로드 모리악, 다니엘 드페르, 질 들뢰즈 등과 함께 〈감옥정보집단〉(G.I.P.)을 조직하고, 감옥의 실태를 담은 소책자들을 발간하였다. 인종주의에 반대하기 위한 위원회에 참여하였다.

1972년

〈꼴레쥬 드 프랑스〉에서 19세기 프랑스의 사회 통제와 징벌 체계에 대해 강의하였고, 미국 뉴욕주의 〈이타카 형무소〉를 방문하였다. 이 방문 이후, 푸코의 미국 방문은 거의 매년 이루어진다. 한편, 이 해에 푸코는 인종주의에 대해 반대하는 시위를 벌이다 연행되었다. 이 시기 푸코는 마오주의자들과 밀접한 관계를 유지한 것으로 보인다.

1973년

〈꼴레쥬 드 프랑스〉에서, 감옥의 탄생 과정과 19세기의 피에르 리비에르 사건에 대해 강의하였다.

1975년

〈꼴레쥬 드 프랑스〉에서 비정상인들로 분류되는 이들에 관해 강의하였다.(이 강의는 『비정상인들』[박정자 옮김, 동문선, 2001]이라는 제목으로 국역되어 있다.) 『감시와 처벌』을 출판하였다. 스페인의 프랑코 독재정권을 비난하는 선언문을 기초하였다.

1976년

〈꼴레쥬 드 프랑스〉에서 역사 속에 등장하는 전쟁 담론에 대해 다루었다.(이 강의는 『사회를 보호해야 한다』[박정자 옮김, 동문선, 1998]라는 제목으로 국역되어 있다.) 『성의 역사 I : 앎의 의지』를 출판하였다.

1978~1979년

〈꼴레쥬 드 프랑스〉에서 '안보, 영토, 인구'라는 제목으로 인구와 그것의 통치 문제에 관해 강의하였고, 미국 〈스탠포드대학〉에서 '사목권력'에 대해 강의하였다. 이란을 직접 방문한 후, 이란 혁명과 호메이니를 지지하는 글을 발표하였다.

1980년

〈꼴레쥬 드 프랑스〉에서 기독교적 성 체험과 자아의 기술에 대해 강의하였다. 미국 〈버클리대학〉의 교환교수로 있었다.

1981년

〈꼴레쥬 드 프랑스〉에서 진리와 주체성 간의 관계에 관해 강의하였다. 이 해에 프랑스에서는 〈프랑스 사회당〉이 집권하였다. 푸코는 선거 기간 사회당 후보 지지 호소문에 서명하지 않았으나, 이후에 사회당의 집권을 환영하는 입장을 표명하였다. 그러나 사회당과 푸코의 관계는 그리 좋지 않았던 것으로 보인다. 푸코는 폴란드의 〈연대 노조〉를 지지하는 활동을 벌였다.

1982~1983년

〈꼴레쥬 드 프랑스〉에서 고대 그리스와 로마에서의 자아의 해석학의 형성에 대해 강의하였다. 이 시기 푸코는 주로 미국에서 활동하였으며, 칸트의 「계몽이란 무엇인가?」를 연구한 글을 쓰고, 자신을 비판이론의 계보에 위치시켰다.

1984년

마지막 저서인 『쾌락의 활용』과 『자기에의 배려』를 출간하였다. 사후에 미완성 원고들을 출판하는 것을 원치 않는다는 유언을 남기고, 6월 25일 파리의 〈살페트리에르 병원〉에서 에이즈로 사망하였다.

갈무리 신서

1. 오늘의 세계경제 : 위기와 전망

크리스 하먼 지음 / 이원영 편역

1990년대에 자본주의 세계경제가 직면한 위기의 성격과 그 내적 동력을 이론적 · 실증적으로 해부한 경제 분석서.

2. 동유럽에서의 계급투쟁 : 1945~1983

크리스 하먼 지음 / 김형주 옮김

1945~1983년에 걸쳐 스딸린주의 관료정권에 대항하는 동유럽 노동자계급의 투쟁이 어떻게 전개되어 왔는가를 실증적으로 분석한 역사서.

7. 소련의 해체와 그 이후의 동유럽

크리스 하먼 · 마이크 헤인즈 지음 / 이원영 편역

소련 해체 과정의 저변에서 작용하고 있는 사회적 동력을 분석하고 그 이후 동유럽 사회가 처해 있는 심각한 위기와 그 성격을 해부한 역사 분석서.

8. 현대 철학의 두 가지 전통과 마르크스주의

알렉스 캘리니코스 지음 / 정남영 옮김

현대 철학의 역사에 대한 비판적 분석을 통해 철학에서 마르크스주의의 역할은 무엇인가를 집중적으로 탐구한 철학개론서.

9. 현대 프랑스 철학의 성격 논쟁

알렉스 캘리니코스 외 지음 / 이원영 편역 · 해제

알뛰세의 구조주의 철학과 포스트구조주의의 성격 문제를 둘러싸고 영국의 국제사회주의자들 내부에서 벌어졌던 논쟁을 묶은 책.

11. 안토니오 그람시의 단층들

페리 앤더슨 · 칼 보그 외 지음 / 김현우 · 신진욱 · 허준석 편역

마르크스주의 내에서 그리고 밖에서 그람시에게 미친 지적 영향의 다양성을 강조하면서 정치적 위기들과 대격변들, 숨가쁘게 변화하는 상황에 대한 그람시의 개입을 다각도로 탐구하고 있는 책.

12. 배반당한 혁명

레온 뜨로츠키 지음 / 김성훈 옮김

혁명적 마르크스주의의 입장에서 통계수치와 신문기사 등 구체적인 자료를 바탕으로 소련 사회와 스딸린주의 정치 체제의 성격을 파헤치고 그 미래를 전망한 뜨로츠키의 대표적 정치분석서.

14. 포스트모더니즘 이후의 정치와 문화

마이클 라이언 지음 / 나병철 · 이경훈 옮김

마르크스주의와 해체론의 연계문제를 다양한 현대사상의 문맥에서 보다 확장시키는 한편, 실제의 정치와 문화에 구체적으로 적용시키는 철학적 문화 분석서.

15. 디오니소스의 노동 · I

안토니오 네그리 · 마이클 하트 지음 / 이원영 옮김

'시간에 의한 사물들의 형성'이자 '살아 있는 형식부여적 불'로서의 '디오니소스의 노동', 즉 '기쁨의 실천'을 서술한 책.

16. 디오니소스의 노동 · II

안토니오 네그리 · 마이클 하트 지음 / 이원영 옮김

이딸리아 아우또노미아 운동의 지도적 이론가였으며 『제국』의 저자인 안또니오 네그리와 그의 제자이자 가장 긴밀한 협력자이면서 듀크대학 교수인 마이클 하트가 공동집필한 정치철학서.

17. 이딸리아 자율주의 정치철학 · 1

쎄르지오 볼로냐 · 안또니오 네그리 외 지음 / 이원영 편역

이딸리아 아우또노미아 운동의 이론적 표현물 중의 하나인 자율주의 정치철학이 형성된 역사적 배경과 맑스주의 전통 속에서 자율주의 철학의 독특성 및 그것의 발전적 성과를 집약한 책.

19. 사빠띠스따

해리 클리버 지음 / 이원영 · 서창현 옮김

미국의 대표적인 자율주의적 맑스주의자이며 사빠띠스따 행동위원회의 활동적 일원인 해리 클리버 교수(미국 텍사스 대학 정치경제학 교수)의 진지하면서도 읽기 쉬운 정치논문 모음집.

20. 신자유주의와 화폐의 정치

워너 본펠드 · 존 홀러웨이 편저 / 이원영 옮김

사회 관계의 한 형식으로서의, 계급투쟁의 한 형식으로서의 화폐에 대한 탐구, 이 책 전체에 중심적인 것은, 화폐적 불안정성의 이면은 노동의 불복종적 권력이라는 것을 이해하는 것이다.

21. 정보시대의 노동전략 : 슘페터 추종자의 자본전략을 넘어서

이상락 지음

슘페터 추종자들의 자본주의 발전전략을 정치적으로 해석하여 자본의 전략을 좀더 밀도있게 노동의 관점에서 분석하고 또 이로부터 자본주의를 넘어서려는 새로운 노동전략을 추출해 낸다.

22. 미래로 돌아가다

안또니오 네그리 · 펠릭스 가따리 지음 / 조정환 편역

1968년 이후 등장한 새로운 집단적 주체와 전복적 정치 그리고 연합의 새로운 노선을 제시한 철학 · 정치학 입문서.

23. 안토니오 그람시 옥중수고 이전

리처드 벨라미 엮음 / 김현우 · 장석준 옮김

『옥중수고』 이전에 씌어진 그람시의 초기저작. 평의회 운동, 파시즘 분석, 인간의 의지와 윤리에 대한 독특한 해석 등을 중심으로 그람시의 정치철학의 숨겨져 온 면모를 보여준다.

24. 리얼리즘과 그 너머: 디킨즈 소설 연구

정남영 지음

디킨즈의 작품들에 대한 치밀한 분석을 통해 새로운 리얼리즘론의 가능성을 모색한 문학이론서.

31. 풀뿌리는 느리게 질주한다

시민자치정책센터

시민스스로가 공동체의 주체가 되고 공존하는 길을 모색한다.

32. 권력으로 세상을 바꿀 수 있는가

존 홀러웨이 지음 / 조정환 옮김

사빠띠스따 봉기 이후의 다양한 사회적 투쟁들에서, 특히 씨애틀 이후의 지구화에 대항하는 투쟁들에서 등장하고 있는 좌파 정치학의 새로운 경향을 정식화하고자 하는 책.

피닉스 문예

1. 시지프의 신화일기

석제연 지음

오늘날의 한 여성이 역사와 성 차별의 상처로부터 새살을 틔우는 미래적 '신화에세이'!

2. 숭어의 꿈

김하경 지음

미끼를 물지 않는 숭어의 눈, 노동자의 눈으로 바라본 세상! 민주노조운동의 주역들과 87년 세대, 그리고 우리 시대에 사랑과 희망의 꿈을 찾는 모든 이들에게 보내는 인간 존엄의 초대장!

3. 볼프

이 헌 지음

신예 작가 이헌이 1년여에 걸친 자료 수집과 하루 12시간씩 6개월간의 집필기간, 그리고 3개월간의 퇴고 기간을 거쳐 탈고한 '내 안의 히틀러와의 투쟁'을 긴장감 있게 써내려간 첫 장편소설!

4. 길 밖의 길

백무산 지음

1980년대의 '불꽃의 시간'에서 1990년대에 '대지의 시간'으로 나아갔던 백무산 시인이 '바람의 시간'을 통해 그의 시적 발전의 제3기를 보여주는 신작 시집.